JN017765

RADWIMPS, at that time
Jinsei Deai

Tadatoshi Watanabe

あんときのRADWIMPS

「人生 出会い」編

渡辺雅敏

小学館

あんときのRADWIMPS

「人生 出会い」編

ブックデザイン
飛嶋由馬・佐藤江理（ampersands）

あんときのRADWIMPS
「人生 出会い」編

CONTENTS

目次

01

人生 出会い

「どこかにいいバンドいない？」

そんな挨拶を「おはよう」のように繰り返す、レコード会社の社員たち。その中の一人として二〇〇三年の僕は、新人アーティストを探していた。

最初はどうやって探せばいいのか分からなくて、噂で聞いたバンドのライブを観に行ったりもしたが、海の中で手を掻き回しているようで、どこかにたどり着く手応えはなかった。

「売れそうな新人を探してこい」と会社からは言われるが、普段は別の業務がある。そのため新人発掘はつい片手間になり、「探しているんだけど、なかなかいなくて」と言いながら、何年か経ってしまう人が多い。

僕もみんなと同じように業務の合間に探しながらも見つけられないまま、会社では中堅と言われる年齢になってしまっていた。

僕は、東芝ＥＭＩというレコード会社にいた。

レコード会社が何をするかというと、アーティストを探し出して契約し、レコーディングして楽曲を作り、宣伝をしてCDの製造販売やデジタル配信をする。

多くの楽曲はヒットを志向していて、たくさんの人が聴いてくれることを願って作られている。ヒットが生まれるのには様々な理由があるけれど、アーティストがいい曲を作ってくれることがとても大切だ。それ以外のたくさんのことを、レコード会社が担う。だからこそ、いい曲を作るアーティストは各社争奪戦となる。

僕は、これまでのささやかな経験を活かして、自分で見つけたバンドと一緒に、ゼロから全てをやってみたかった。

それをしたくてこの仕事を選んだのだし、夢が叶(かな)ったらどんなに素敵だろうと思っていた。

探しているのは自分を投げ出せるようなアーティスト

どんなアーティストを探せばいいのか。

僕なりに少しだけ学んできて、決めていたことがあった。いいアーティストだなと思っても、化け物みたいに圧倒的なアーティスト以外には、手を出さないということだ。

そんなアーティストには、一生かけても出会えないかもしれない。

でも出会えなかったら、それまでだ。運がなかったと思うしかない。そして何をもって「圧倒的」とするかは、僕の主観による。

レコード会社とアーティストは多くの場合、最初に二年間の契約を結ぶ。未来をうまく切り拓くためには、分かりやすく言ってしまうと、なるべく早い時期にチャートのベストテンに入る必要がある。音楽業界に所属するたくさんのアーティストやスタッフが、それを争っているわけだから、「結構いい」くらいではその競争にも勝てないと感じていた。

だからこそ慌てないでじっくりと、自分を投げ出せるようなアーティストを探していた。

そうしているうちに時間だけが過ぎ、ハードルがどんどん上がっていく。

まだ見ぬ夢のアーティストは、誰にも似ていなくて、突然変異のようにカッコ良く、サラッと誰も聴いたことのない音楽をやっているはずだった。

そんなアーティストは、そうすぐに見つかるものではない。とっておきの情報を教えてくれる人もいなかった。

当時いろいろやってみた中で効率が良いと思ったのは、タワーレコードのインディーズコーナーへ通うことだった。実際のところ全部のインディーズCDを聴くことはできないが、そこにはレーベルやお店がプッシュするアーティストが並んでいる。

プッシュされているのには、何らかの理由があるはずだ。その中に、メジャーレーベルと組んでみたいというアーティストがいるかもしれない。

ここの試聴機で、端から端まで全部聴く。

二〜三週間くらいすると試聴機のCDが入れ替わるので、また行って全部聴く。そんなことを続けていると、遠くからPOPを見るだけでも、お店のスタッフが本当に良いと思っているものと、そうではないものとが分かるようになってきた。

お店の人が推しているCDがあるコーナーには、自分の思いを綴った手書きコメントがやたら多い。そしてそこには気持ちが溢れたような「！」が多い。ベースとなるボード部分に、様々な推薦コメントを吹き出しの形にして貼り付けていくから、ごちゃごちゃっとしているが勢いも感じられる。

そんなCDはやはり良いものが多く、いくつかのバンドのライブを観に行ったりもした。他のレコード会社の知り合いも来ていて、きっとこのバンドは、どこかからデビューするだろうと思った時もあったが、自分では声をかけずにいた。

もっとすごくないとダメだと、踏みとどまっていたのだ。

それはデビューしていいところまで行くバンドが、そのあと伸び悩んで契約が終了したり、解散したりするのをたくさん見てきたからでもある。

レコード会社から声がかかれば、中には決まっていた就職を蹴って音楽にかける人もいる。ミュージシャンの人生の大切な時期にさわるのだから、「なんとなく売れるかもって思ったんだけどね」では許されない。成功にたどり着けるという確信が芽生えるまでは、声をかけてはいけない。僕だけの考え方かもしれないが、そう思っていた。

それまでもいろいろなアーティストと仕事をしてきたが、自分で見つけた新人と一緒にゼロから始めて成功したことはなかった。そういう経験をした先輩も周りにはほとんどいなかったし、大物と言われるアーティストの担当の多くは、そのアーティストを見つけて育てた人ではなかった。

ゼロから百までを一緒に、という夢。

その夢のために、心から素晴らしいと思える新人を探していた。

圧倒的にすごい才能。

まずは自分がそんなアーティストに出会えるのか？　出会えたとしても気づけるのだろうか？

探し続けてたどり着いた横浜の高校生

もう一年以上もインディーズコーナー巡りを繰り返していて、正直疲れてきていた。その間にも、彗星のようにデビューして売れていったバンドがいた。中には僕が手を伸ばさなかったバンドもいたが、問題は存在にすら気がつかなかったバンドがいたことだ。

広範囲に網を張っていたつもりでいたが、抜け落ちていたのだ。そういう時は、誰かに笑われたような気持ちになった。こんなことをしていてゴールはあるのだろうか。でも今まで続けてきて、積み重なっているものがあるはずだと思うようにしていた。

二〇〇三年の七月。その日の夜は新宿にいて、雨が降っていた。

少し早いけれどもう帰ろうと駅に向かって歩いていたが、ふと立ち止まった。

雨だから帰ろうではいいアーティストは見つからない。Ｕターンしてタワーレコードに向かうことにした。

ここは、タワーレコードの中でも特にインディーズコーナーが充実していて好きだった。

店に入って奥に進むと、手書きのＰＯＰに目が留まった。

「横浜の高校生バンド、RADWIMPSデビュー！」

POPは全てが段ボールで出来ていた。

サインペンで勢いよく、大きな文字が書いてある。

店頭展開用のバンドロゴなどが配られていれば、もう少し見栄えのするものにもなるのだが、そういうものはないようだ。その代わりに「何もなくてもとにかくこのバンドを紹介したい」という勢いに溢れていた。

このPOPを設置した人は、本当にこのアルバムが好きなのだろうと、近づいて試聴機のボタンを押した。

そんなことで、人生が変わる。

デビューアルバム「RADWIMPS」の一曲目は、「人生出会い」。

「出来上がった道を追いかけてたんだ　そしたら君にぶつかったんだ　君はずっと美しかった　だから僕は惹かれてったんだ」

アルバムはイントロもなく、突然歌から始まる。

その瞬間、新しい風が吹いてきたようだった。

なぜこんなにピチピチしているんだろう。作為や打算がない、真っ直ぐできれいな音楽。声がすごく良かった。声質が好きだった。リズム感の鋭い歌い方もカッコ良かった。

「いい！」

高まる緊張感の中、ワンコーラスが終わっただけで、「ついに見つけた！　ここにいたのか！　出会えた！」と興奮して心臓がキューッとなった。

ヘッドフォンから出てくる音楽は、言葉や感情が収まりきれなくて、活き活きと飛び跳ねていた。

それに加えて、「人生 出会い」は全部がサビだった。

通常はAメロ〜Bメロ〜サビと段階的に盛り上がっていくのに、一度聴いたらパッと心を摑まれるようなメロディーが次々と繰り出され、どれもがサビのように輝いていた。

狙ったものではなく自然にやったらこうなったという、さりげなさにも驚嘆した。

探し続けてたどり着いたのは、横浜の高校生だった。

人生 出会い。

趣向を凝らした、様々なアーティストのPOPが並ぶ店内。試聴機で次々と曲を聴いていった。どうせCDは買うのだけれど、気持ちが昂ぶってその場で全曲を聴いた。

「自暴自棄自己中心的（思春期）自己依存症の少年」「『ずっと大好きだよ』『ほんと？……』」。

タイトルも曲も、全てがはみ出していて収まりがついていない。どうにも感情の全てが入りきらず、溢れてこぼれ落ちているようだった。とても過剰で、自分で自分を制御できない怪物の音楽に聴こえて、その過剰さに翻弄されていた。

ヘッドフォンを置き、レジに向かう。

「このバンドとやるんだ！」

それと同時にやってきたのは、恐怖だった。

素晴らしいと思ったバンドは、誰かに先を越されているケースが多い。

「このバンドに、さわれなかったらどうしよう」

まだ何もしていないのに、悲しくなってしまった。

下りのエスカレーターで、早くもタワーレコードの黄色い袋を開ける。

ジャケットにあるクレジットが見たかった。どこかのレコード会社の名前が書いてあったら、僕の出番はない。既に契約も終わっていて、着々と準備が進んでいるからだ。

もしくはその中に、エンジニアでもジャケットデザイナーでもカメラマンでも、誰か知り合いがいれば一気に話が早くなる。「ＲＡＤＷＩＭＰＳって、どこか決まってるの?」と電話で状況を聞ける。

急いで見たクレジットには、レコード会社も知り合いの名前もなかった。

リュックの中のＣＤは隠し持っている爆弾

タワーレコードが入っているFlagsビルの1階まで降りたら、まだ雨が降っていた。

ビルの入り口付近は雨を避ける人で溢れていて、新宿駅南口では待ち合わせをしている人たちの青や赤の傘が揺れていた。

「居酒屋、いかっすかー」

客を引く声が聞こえ、相合傘で笑顔のカップルとすれ違った。

僕は歩きながら、いつかここにいる人たちみんなが、ＲＡＤＷＩＭＰＳの音楽を聴くようになる、ライブのチケットが取れなくて困るようになる、すごいことになるぞと思っていた。

遂に出会えた嬉しさからくる、自己陶酔である。

自分だけが未来を知っているような優越感さえも覚え始めていた。

リュックに入っているＲＡＤＷＩＭＰＳのＣＤは、誰にも知られずに隠し持っている爆弾のように思えた。これがいつか大爆発して全国に拡がるんだ。その爆弾に点火するのは自分なんだと、映画の主人公にでもなったような気持ちでいた。

家に帰って歌詞カードを見ながら、ＣＤを聴いた。

改めて歌詞を見ると、ドキュメント感のすごさに圧倒された。自分の思いや日常が、そのまま歌になっているのだろう。誰かに憧れて何かをやっているのではなく、自分から溢れてしまうものを、そのまますくい取って歌にしているように感じられた。

だからこそ、一つの不純物もない歌い手の物語として、聴く人の心に入ってくるのだ。

全曲の作詞と作曲は、野田洋次郎（のだようじろう）と書いてある。

ジャケットの中面には、たくさんの写真が載せられていた。みんなが活き活きと笑っていて、音楽そのままだった。どの人が野田洋次郎なのだろう。このマイクを持っている人がそうだろうか。他のメンバーはどんな人なのだろう。そう思いながら、ずっと写真を眺めていた。

こうなるともう、恋愛である。

あれこれ考えて想像し、なんとか近くまでたどり着きたいと夢想する。

音楽からは膨大な情報と感情を受け取っているが、手元にある情報は少なく、メンバーには会ったこともない。そのギャップは、身悶（みもだ）えるように僕をヒリヒリさせた。

愛と尊敬を込めて、「なんなんだ、こいつら」と思った。

ＣＤが止まると、窓の外ではまだ雨が降っていて、濡れた舗道を走る車の音がした。

どこにいるんだ、どうしたら会えるんだ、今何してるんだと思いながら、また再生ボタンを押した。

02

飛び込みの電話

CDのクレジットには知り合いがいなかったので、連絡先を調べなければいけない。

「制作・発売元：NEWTRAXX Inc.」と書いてある。まずはここを探す。

いきなり本人にコンタクトをとるよりは、周辺のスタッフに連絡した方がうまくいくケースが多い。

WEBで検索したら、すぐに出てきた。電話番号も書いてある。

ここが最初のドア。開けるべきドア。

CDを買った夜に家から電話するよりも、会社から電話した方がいいような気がした。

翌日、会社からすぐ電話しようとしたが、ぐずぐずした。「初めまして」と挨拶した後、なんて話すのがいいだろうと悩んでしまったのだ。

一番怖かったのは、もう他のメジャーのレコード会社が来ていて、全ての流れは決まっていると言われること。誰かと契約しているのなら、自分の出番はない。そう言われるのが怖くて、夜になってしまった。

飛び込みの電話なので、あまり遅いと失礼になる。二十時には電話しようと決めた。

受話器を取ろうとしたら、会社のみんながテレビをつけて、ミュージックステーションを観始めた。誰かEMIの所属アーティストが出ていたのだろう。急に会社が騒がしくなった。

大切な電話だし、相手に「この人、家でテレビ観ながら電話しているのかな」と思われたくなかった。少しでも悪い印象は与えたくない。

同じフロアに、試聴室といわれる部屋があった。防音処理が施されて分厚いドアもある部屋に、机と六人がけの椅子に電話が一つ。音楽を聴きながら打ち合わせができる部屋だ。壁にはステレオとテレビが備え付けてある。ドアを閉めてしまえば、外の音は聞こえない。

そこに移動して、いよいよ受話器を取った。

呼び出し音が鳴る。

初めて知る野田洋次郎という人のバックグラウンド

「はい、ニュートラックスです」

「東芝EMIの渡辺と申します。レコード会社の者なのですが、RADWIMPSのアルバムを聴かせていただきまして、本当に感動しました。あまりに素晴らしかったので、連絡させていただいた次第です。夜分に申し訳ありません」

「ああ、ありがとうございます。大瀧です」

電話に出たのは、社長の大瀧眞爾（おおたきしんじ）さんだった。

「そうですか、アルバム聴いてくれたんですか⁉」

「素晴らしい音楽でした」

「嬉しいです。作詞作曲はボーカルの野田洋次郎というんですが……」

どういうバンドで、野田洋次郎はどんな人なのか、大瀧さんはたくさん話をしてくれた。ひたすら話し続けてくれた。

「野田洋次郎はお父さんの仕事の関係で、幼稚園くらいの時にアメリカに行ったんです。最初がテネシーで、そこは庭がサッカー場くらいあるところで、あちこちにリスや鹿がいたそうです。そのあとカリフォルニアに引っ越すんです。同じアメリカとはいえ、二つの全く違う文化を経験して、日本へ戻ってくるという。このあたりの環境が、彼にとても個性的な感性を与える原因になったのかもしれません。それと彼のお父さんがジャズピアノを弾いて、お母さんがクラッシックピアノを弾くんですね。それもあって野田洋次郎の家には、地下にスタジオがあるんですね。お父さんはジャズのピアノトリオをやるから、ピアノにドラム、ベースやアンプもあって。もちろんギターやマイクも。だから洋次郎は小さい頃から地下のスタジオで、楽器と慣れ親しんでいたんですね」

たくさん話してくれるので、「はい」「えー」「そうなんですか」くらいしか言えなかった。

大瀧さんの饒舌ぶりには少し驚いたが、「野田洋次郎」に一歩近づいたようで嬉しかった。

次々と飛び出してくる話に相槌を打つだけで精一杯

「あ、そうそう。ギターで桑原彰というのがいるんですが、彼が横浜の十代のバンドを集めてやるコンテストで、横浜ハイスクールミュージックフェスティバル（ＹＨＭＦ）というのがあって、そこに『もしも』を応募したんです。応募しようとしてたのに送るのを忘れていて、郵送したら締め切りに間に合わないって、ＭＤと書類を事務局まで届けに行ったんですよね。たまたま僕の娘がそのフェスの高校生スタッフをしていて、『お父さん、いいバンドいるよ』と言われて聴いてみたら、曲が良かったんです。そうしたら優勝して。フェスティバルが終了してから数日後に、ＲＡＤＷＩＭＰＳから相談があると、娘経由で言われたので会ってみることにしました。『以前渡した音源は街のリハスタでやってるレコーディングパックで録音したものなんです。だけど全然時間がなくて、もう一度ちゃんと録音したいんです』と言われたので、『それなら他の曲も入れて、いっそフルアルバムにしてしまったら？』と提案して出来たのが、渡辺さんが聴いてくれたＣＤなんです。ギターの桑原なんかグランプリにＣＤデビューだから舞い上がっちゃって、学校辞めるって言い出して。僕と野田で桑原を会社に呼んで、卒業くらいしろって半日かけて説得したんです。『分かったか？』『分かった』となってその日は解散したんですが、次の日に退学届出しちゃったんです。『分かった』と言って早く帰りたかったんでしょうね。こちらは全員きょとんとしてしまったんですけど」

僕は「そうなんですか」と言うのが精一杯だった。

ミュージックステーションが始まる頃だから、電話したのは二十時。

僕が相槌を打っているうちに一時間が過ぎ、二時間が過ぎた。それでも話は終わる気配もない。きっと、RADWIMPSが大好きなんだろう。好きなバンドの話は楽しい。しかも大瀧さんにとっては、自分の子供を褒められたような気分なのだろう。

さすがに二十四時が近づき、焦(あせ)ってきた。このままだと、相槌を打つだけで終電を逃し、タクシーで帰ることになる。

話の隙間にカットインして、一番知りたかったことを聞いた。

「大瀧さん、お話が本当に興味深いです。そういう下地があっての、あの音楽なんですね。あんな素晴らしいCDを出されて、いろいろオファーも来ているかと想像しているのですが、メジャーレーベルとはもうお話が進んでいたりするのでしょうか」

「いくつかお話はいただいています。でも特にまだ、すぐにどうするとかは決まっていないですね」

「そうですか、良かった！　RADWIMPSと仕事がしたくて、ずっとそれが心配だったんです」

受話器を持ったまま、試聴室でガッツポーズした。そのあとに、右手でなぜかみぞおちを叩いていた。安心したのだろう。

大瀧さんが続ける。

「最近はどこも早いですからね。僕も以前はポリドールにいたので分かりますよ」

ポリドールも、老舗のレーベルである。

「やっと見つけて意気込んで行くと全部決まっていたりするんですよね。マネージメントする事務所はどうなっているのでしょうか？」

「高校生が一枚ＣＤを出しただけですからね。事務所なんかないですよ。大瀧預かりみたいな感じですかね。うちがＣＤを出したレーベルですから、窓口にはなっています」

「なんとか一緒に仕事をさせていただきたくて、来週あたり大瀧さんにアピールするお時間をいただけないでしょうか」

「いいですよ。お会いしましょうか」

「ありがとうございます」

そうして、電話を切った。

レコード会社は、まだ決めてないみたいだ。良かった、本当に良かった。これで少し生き延びた。

一歩奥へ進む。

03
高校のいい思い出

木曜十三時、横浜、桜木町。

十七年前の約束時間を、今も覚えている。それだけ緊張していたのだろう。

遅刻なんてしたら大変。何しろ夢がかかっている。

十一時過ぎには桜木町に着いていた。

事前に電話で聞いていたとおりに、高架の下を進む。壁には、いろいろなアートペインティングがされている。

横浜って、やはりオシャレな感じするな。

こんなとこに、ＲＡＤＷＩＭＰＳがいるんだな。

一緒に仕事ができることになって、打ち合わせなどで、この道を何度も往復できたら、どんなにいいだろうと思った。

事務所の場所を確認しに、早めに前まで行った。

片道三車線の大きな道路を、トラックが走っていく。道路の横にはビルが立ち並び、アスファルトとともに灰色ばかりが目立つ。

目的のビルの一階には、赤いのれんのラーメン屋があった。

さっきと同じようなことを思う。

打ち合わせでこのビルに来て、RADWIMPSのメンバーとラーメンでも食べられたら、どんなにいいだろうと。

場所を間違えていないかと、ポストに「NEWTRAXX Inc.」の社名があるのを確認して、お昼を食べに行った。

下のラーメン屋には、まだ見ぬ大瀧さんがいるかもしれないと思って入らなかった。

初めて時間をもらったのに手ぶらで行くのも良くないと思い、企画書を作っていた。

企画の内容よりも、熱意を伝えたかった。楽曲を聴いて思ったこと、今後このようにやっていきたいなどを、空想や妄想を膨らませて書いていた。

表紙にはRADWIMPSの曲名にかけて大きな文字で、「もしも、もしも、僕がRADWIMPSと仕事をする幸運に恵まれたなら」と。

受験が終わるまで休止なんですか？

時間の五分前に事務所を訪ねた。

「初めまして、渡辺です。このたびはお時間いただきましてありがとうございます」

「大瀧です。ようこそ」

大瀧さんが満面の笑みでドアを開いてくれた。

背が高く骨格もしっかりした人で、声もはきはきしている。くせ毛なのか少し髪がカールしている。

中に通されると、目の前に大きな窓が広がっている。窓を背に椅子と事務机があり、横には応接セット。その前で僕たちは、名刺交換をした。

「突然押しかけて『初めまして、僕にRADWIMPSをやらせてください』と言うのも唐突かと思い、ホントはその一言が言いたくて来たようなものなのですが、企画書めいたものを作ってきました」

僕は、おずおずと書類をテーブルに置いた。

表紙を見て大瀧さんは、嬉しそうに笑った。

「こんなの持ってきた人は、初めてですよ。『もしも』に引っ掛けてくれたんですね」

それだけで、ぎくりとした。

「こんなの持ってきた人は初めてということは、いきなり核心に入ってすみませんが、やはり他のレコード会社の人も来ていますよね?」

恐る恐る聞く。

「いくつかお話はいただいていますが、まだバンドが今後どうなるか分からないんですよ。野田洋次郎が受験に専念すると言って、バンドを休止してしまったんですよね。それが全ての理由ではないみたいですけれど」

「受験が終わるまで休止なんですか？」

「休止というか、あれは解散かもしれないですね。ギターの桑原はＲＡＤＷＩＭＰＳで食っていくと学校辞めてしまってますからねえ」

「それでは今後バンドはどうなるんですか？」

「受験が終わらないことには、何とも言えないんです」

「そうなんですか。僕の会社、東芝ＥＭＩからも誰か来ていますか？　いいバンドは同じ会社で取り合いになるケースもありますから」

「東芝ＥＭＩさんからは、渡辺さんが初めてですよ。他のレコード会社も、みなさん今の受験の話をすると『なるほどー』と言って帰ってしまうんですよね」

　大瀧さんは、大きな声で笑った。

「受験待ちでは仕方ないですよね」

「イベンターの夢番地さんから電話があって、会いたいって言われてこないだ会ったんですよ。イベンターの若いスタッフが若いバンド育てて、一緒に大きくなりたいというパターンかと思ったら、僕より年上の人が来て、夢番地を作った善木さん本人だったから、ほんとにびっくりしました」

　善木（ぜんき）準二（じゅんじ）さんは関西、中国地方でのライブ制作を取り仕切るコンサートプロモート会社「夢番地」を立ち上げた人。業界でも、アーティストの才能を見抜く眼力には定評があった。

　やはりみんな、動きが早い。

　うかうかしていられない。

「善木さんは、どんな話だったんですか？」

「渡辺さんと同じ感じでしたよ。ＣＤを聴いて感動した。ライブのブッキングなどを任せてくれないかと」

「いいバンドには、いろんな人が吸い寄せられてくるんですね。大瀧さん、縁起が悪いこと言ってすみませんが、もし野田さんが受験に失敗したらどうなるんですか？」

未知の人だし、「野田くん」よりも「野田さん」と言った方がいいように思った。

「どうなるんでしょうねえ。桑原が焦るでしょうねえ。勉強中の野田に、ときたま電話をかけて、バンドやろうよって言ってるみたいですよ」

「合格するといいですね。これだけの音楽を作る人だから、今後が楽しみですね」

僕にしたら思いもしなかった内容だったが、受験の結果を待つしかないということだ。

勢い込んでいただけに、ぼんやりした気分になってしまったが、嬉しいニュースもあった。近々、生のＲＡＤＷＩＭＰＳを観られる機会があるというのだ。

「昨年優勝したコンテストの決勝が今年もあって、いつもはプロのアーティストをゲストで呼んでいたのですが、今年はあえてＲＡＤＷＩＭＰＳをゲストに呼ぼうとスタッフから要望があったんですね。その話をメンバーに伝えたところ、せっかくアルバム出したのに休止してしまったバンドを誘ってくれてありがたいし、去年優勝させてもらった感謝もあるから、出ようということになったんです。受験中でリハーサルもなしでやると言っていたから、下手でびっくりすると思いますけど。今年も横浜アリーナで。よかったら観てやってください」

野田洋次郎の話し声に胸を摑まれた瞬間

話はこれで終わったかのようだったが、大瀧さんはその後も話を続けた。

「アルバムは、高校二年最後の期末試験が終わった日から、三泊四日でまずは楽器の録音をしました。僕の知り合いのプライベートスタジオを借り切って。近所の公民館みたいなところに全員で宿泊して、深夜そこに帰って大浴場でみんなとキャアキャア騒ぎながら風呂に入って、そのまま布団を敷いた和室で雑魚寝して。スタジオでは昼夜問わず延々と録音していました。楽器の録音を済ませてから別日に歌入れをしたのですが、歌詞が間に合わない曲もあって『おーい、歌録るぞー！』って声をかけると、『あ、ちょっと待ってー！』なんて言いながら、スタジオのボーカルブースにこもって二、三十分で歌詞を書きなぐって歌ってましたよ」

「あの歌詞を二、三十分で書いていたんですか？　やはりとてつもない才能ですね！」

「そうだ、これ面白いから聴いてみてください。Fm yokohamaで流れたもので、野田が自宅でぼそぼそとMDに録音したものなんですが、自分でアルバムの解説やっているんです。それでなぜか突然歌い出すんです」

立ち上がってMDを机から取り出し、プレイヤーに入れた。がちゃがちゃっとしたノイズの後に、声が聞こえた。

「初めまして、RADWIMPSというバンドでボーカルをやっている、野田洋次郎です。七月一日にリリースされた、僕らのファーストアルバム『RADWIMPS』。このアルバムを一曲目から紹介していきたいと思います」

アルバム曲の解説を、一人でやっている。

最後の曲を紹介して、「以上、僕らのファーストアルバム『RADWIMPS』のご紹介でした。聴いてくれてありがとうございます。それでは最後に一曲お届けします」と言った後、突然ギターの弾き語りで、「スタンド・バイ・ミー」を歌い出した。

「ね、面白いでしょう？　なぜ自分の曲を歌わないで、『スタンド・バイ・ミー』なのか」

大瀧さんは爆笑している。

確かに面白かったが、それよりも僕は野田洋次郎が話している声をその時初めて聴いて、胸を摑まれていた。

歌声がきれいな人は、話す声もきれいだなあと思った。

その声で、日本の高校生がネイティブの発音で歌う「スタンド・バイ・ミー」からは、新しい風が吹いてくるようだった。

ＭＤをコピーさせてほしかったが、我慢した。

大学に行っても、バンドをやるかは分からない

初めて電話をした時の二十時から二十四時まで話した調子で、大瀧さんの話は続いた。

十三時に会って、もうすぐ十九時になろうとしていた。

もしかして今日も、二十四時まで話すのだろうか。

それはそれでありがたいし、大瀧さんと、もっと距離を縮めたい。受験が終わるのを待つ長期戦なのだと腰を据えた時、十九時に来客のベルが鳴った。

「長居してすみません、それではそろそろ失礼します」

僕は立ち上がり、大瀧さんに挨拶をして、事務所をあとにした。もしその人が来なかったら、まだしばらく話は続いていたのかもしれない。

外に出るとすっかり暗くなっていた。

昼前に見た高架下のイラストが、ライトアップされている。それを眺めながら、さっき来た道を帰る。駅方面から帰宅する人たちがたくさん歩いてくる。車の交通量も増え、クラクションが響いていた。埃(ほこり)っぽい風が、僕の髪を揺らした。

ガラガラに空いた帰りの電車で、今日の話を振り返っていた。

メジャーデビューの話も来ているけど、まずは大学受験が終わってから。

僕としては受験が終わるのを待っている間、大瀧さんに自分と一緒に仕事をしたいと思ってもらうしかない。受験に失敗したらどうなるのか、無事合格してもその後どんな道を野田洋次郎は選ぶのだろうか。

大瀧さんから聞いた話を、何度も反芻(はんすう)した。

「学校を辞めてしまったギターの桑原は、洋次郎にときおり電話を入れてるそうなんです。『どう、勉強、はかどってる?』って。そしたら『まあまあだよ。どうしたんだよ』みたいな反応で。『早くバンドやりたいなって思って』と言ったら洋次郎が、『大学に行っても、バンドをやるかどうか分からない』と答えたらしいんです。『あのアルバムは、高校のいい思い出だって思ってる』って」

04
洋次郎合格

二〇〇三年八月二十八日横浜アリーナ、「ＹＨＭＦ」決勝。

僕は、開演時間よりずいぶん早く会場に到着した。

十代の音楽フェスだけあって、横浜アリーナの周囲は学園祭のような活気に満ちている。中に入って、いくつかの出場していたバンドも観た。どのバンドも熱演していたけれど、僕はうわの空だった。

ゲストアクトのＲＡＤＷＩＭＰＳだけを待っていた。ＲＡＤＷＩＭＰＳと同じ会場にいると思うと、浮き立つような気分になった。

「さあ、全バンドの演奏が終わりました。審査員のみなさまにはこれから最終審査に入っていただきます。どのバンドがグランプリを獲得するのでしょうか」

男女二人の高校生が、司会をしている。審査員たちが立ち上がって、会場を出ていった。

「審査を待つ間、昨年『もしも』でグランプリを獲得したバンド、ＲＡＤＷＩＭＰＳによるライブをご覧いただきます」

地元ではもう、人気バンドなのだろうか。結構な歓声があがる。

身を乗り出して、ＲＡＤＷＩＭＰＳを観ようとした。

近くに行きたくて、出演前には一階のフロアに降りていた。

子供が飛び跳ねるように、洋次郎は動いていた

照明が落ちたステージにメンバーが出てきて、準備を始めている。

あの真ん中でマイクを持っている人が野田洋次郎なのかと、シルエットに目を凝らして見つめた。

動いている野田洋次郎を、その時初めて見たのだ。

ざわめきながら詰めかけた観客に囲まれ、息を止めるようにして演奏が始まるのを待った。

司会者に、再度ライトが当たる。

「準備が整ったようです。それではお待たせしました。ＲＡＤＷＩＭＰＳです！」

ステージにライトが灯り、洋次郎がジャンプした。黒いパーカーを着ていた。

アルバムを何度も聴いて、野田洋次郎とはどんな人なのかと想像していた。

進学校に通う、歌詞の表現が奥深い人。繊細な文学青年なのかと思っていた。

演奏が始まってみると、洋次郎にはストリート感があった。オーバーサイズのパーカーを着てウールの帽子を目深にかぶり、「ＨＯ！　ＨＯ！」と叫びながらステージを飛び回っている姿は、とてもフィジカルだった。

楽しくて楽しくて、じっとしていられない。

CDを聴いて感じたワクワク感は、これだったのかと僕は思った。楽しい楽しい。バンドをやるのが楽しいと言いながら、作られたような音楽。肉体が躍動することで、それは分かりやすくステージで増幅していた。

子供が飛び跳ねるように、洋次郎は動いていた。

高くジャンプして膝を曲げて。

この日のライブのことを、僕はこれしか覚えていない。何分くらいのステージだったのか？　どんな曲をやったのか？

帽子を手で押さえて、高く跳躍する洋次郎の姿だけが、深く強く記憶に残っている。

初めてRADWIMPSのライブを観られて、CDを聴くだけだった頃より何歩も踏み込んで、バンドを理解できたように思えた。

素晴らしいバンドだと思っている気持ちをメンバーに直接伝えたかったが、相手は活動を再開するかどうかも分からないのだ。

これでまた休止状態に入る彼らに会うことはできず、会場をあとにした。

大瀧さんも、メンバーに会っていけとは言わなかった。

受験が終わるまで、あと半年。一日でずいぶん近づいた気がしたけれど、そこから先の道は見えなかった。

合格の知らせと契約への危機感

その後も大瀧さんと連絡を取り合って、横浜まで食事をしに行ったりした。

そこでRADWIMPSの話をしているのは、楽しかった。

大瀧さんもそうだったのではないかと思う。自分の作った音源を良いと言って、会いに来てくれる人がいるのは嬉しいことだ。

大瀧さんはいつも彼らの話をたくさんしてくれた。

取り留めのない話でも、それを聞いている間はRADWIMPSの時間軸の中に滞留しているようで安心できた。

受験が終わるまでは、動きようがないのだ。

二〇〇四年三月、大瀧さんから電話があった。

「渡辺さん、洋次郎が受かりましたよ！」

大学名を聞いたけれど、勉強ができなかった僕からしたら雲の上すぎて驚いた。

歴史を変えてしまいそうな音楽を作れる上に、英語が話せて超一流大学に合格するなんて、野田洋次郎は宇宙人なのか。

何にせよ、合格したのは、大きな一歩だ。

大瀧さんの明るい声を聞いていると、少しずつ状況が良くなっている気もした。受験の合否をわざわざ知らせてくれたのも、嬉しかった。他のレコード会社にも伝えているかと心配だったが、そこまでは聞けなかった。

合格したのを聞いて、会社で上司だった長井信也さんに、今追いかけているバンドがいると、RADWIMPSのことを初めて話しに行った。

長井さんは、鹿児島出身のいかにも九州男児な男気溢れる人だった。

僕が大瀧さんに最初に電話した、ステレオがある東芝EMIの試聴室。長井さんはCDを聴きながらジャケットのクレジットを見て言った。

「大瀧さん？　大瀧さんがやってるの？　ポリドールにいた大瀧さん？」

「ご存じなんですか？」

「昔ね」

RADWIMPSの今後を握る大瀧さんと、自分の上司が昔の知り合いだった。幸せな偶然だ。早速大瀧さんに電話でそのことを伝えた。

「え！　長井さんが上司なんですか？　昔長井さんに助けてもらったことがあるんです。なるほど、恩返ししないといけないかなあ。しまったなあ、まいったなあ、やりにくくなっちゃったなあ」

大瀧さんは嬉しそうに何度も、「まいったなあ」を繰り返して笑った。

その声が明らかに楽しそうだったので、僕も笑った。

そして長井さんから、僕がRADWIMPSを追いかけていると聞いた、同じ会社の山口一樹が僕に声をかけてきた。

「CDを聴いたんですけど、ほんとに素晴らしいですね。歌詞がすごい。今、どうなってるんですか？

もうレコード会社決まってるんじゃないですか？」

「まだ決まってないって。ＣＤを出しているレーベルの大瀧さんという人が窓口になっていて、いくつか話は来ているけどまだ決めてないと言っているんだ」

「まだ決まってないなら、一緒に追いかけてもいいですか？」

僕は、どうしてもＲＡＤＷＩＭＰＳと仕事がしたかったし、そのためには仲間も必要だと思ったので、二人で組むことにした。

長井さんが山口を略して「やまち」と呼ぶので、僕もそう呼ぶようになった。

僕はＲＡＤＷＩＭＰＳの制作担当としてやっていこうかと思っていたが、やまちも制作である。僕は過去に宣伝も経験があったので、ＲＡＤＷＩＭＰＳを獲得できた場合、やまちを制作担当にして自分は宣伝担当になることにした。まずは獲得しないとゼロなのだから、力を合わせてアプローチすることにした。

やまちを大瀧さんに紹介するということで三人で食事に行き、それぞれのＲＡＤＷＩＭＰＳへの愛を語り合った。

「渡辺さんと山口さん、二人の上司が長井さん。この三人が組んだら、会社の中引っ掻き回して、面白いことしてくれそうですねえ」

大瀧さんはそう言って笑ったが、最後に一番恐れていたことを言った。

他のメジャーレコード会社から、かなりの数の問い合わせが来ているそうだ。

僕がいる東芝ＥＭＩからは「渡辺さんしか来ていない」と大瀧さんは言っていたが、今は僕とやまちと長井さんが動いている。それと同じことは、他社でも起きているのだ。

レコード会社とアーティストは、独占契約を結ぶ。ＲＡＤＷＩＭＰＳと契約を結んだ会社だけが、契約期間内に音源を独占的にリリースできる。

ＲＡＤＷＩＭＰＳが他のレコード会社と契約したら、僕はスタッフにはなれない。

05

四人が揃う

渋谷の街で、痩せた学生がティッシュ配りをしていた。

信号が変わるたびに道路を人が渡り、ざわめきと色とりどりのファッションが、風を渡るようにやってくる。笑顔が多いが、それは自分に向けられたものではない。

ノルマを配り終わるまで、あとどれくらいかかるだろう。

そんなことを思っていたら、向かいから知った顔の男がやってきた。

これはたまたまのことだったが、運命の再会となった。

「え、何してるの？」

「バイトだよ、ティッシュ配り。はい、ティッシュあげる」

「ああ、ありがと。今ちょっといい？」

「ごめん、ちょっと困るんだ。ちゃんと配ってるかどうか、後ろから見張られてるんだよ。あ、後ろ見るなって。悪いけど早く行ってくれないか」

「見張りがいるの？　ごめん、じゃあ、後で電話する。俺今、ギターの専門学校に行っているんだけど、こないだ洋次郎が大学受かったから、またＲＡＤＷＩＭＰＳをやろうって話したんだよ。そうしたら、メンバーどうしようかとなって。前のバンドはちょっと最後に、ぎくしゃくしちゃったし、新しいメンバーでやろうかって」

「まじかよ、ＲＡＤＷＩＭＰＳが始まるのかよ。夜には帰ってるから絶対電話くれよ」

手を少しだけ上げて別れると、ティッシュ配りの男は雑踏の中で、活き活きと道ゆく人に声をかけ始めた。

彼の名は、山口智史（やまぐちさとし）。

ＲＡＤＷＩＭＰＳが優勝したコンテスト「ＹＨＭＦ」には、「をかし」という名のメタルバンドで出場していた。大会で「もしも」を聴いた時に、初めて聴く曲なのに歌詞が心に入ってきて、まるで自分のことを歌われているように思えて、とても感動したのをよく覚えていた。

智史は高校生の時にやっていたドラムをしっかり勉強してみたくて、ジャズ科がある音大に入学していた。本当はロック科が良かったのだが、音大はクラッシックばかりでそんな学校はなかった。ジャズ科なら、まだロックに近いのではないかと思って受験したのだ。

智史に声をかけた男は、桑原彰。

ＲＡＤＷＩＭＰＳのギタリストで、みんなから桑と呼ばれている。渋谷でばったり智史を見かけた桑は、智史がツインペダルを持っていたことを思い出していた。

通常は一つのペダルでバスドラムを叩くが、ツインペダルとはその名のとおり、バスドラムを叩くためのペダルが二つある。両足で、全力疾走のようにペダルを踏んで連打できる。ハードロックではよく使われるものだ。

桑は、ドラムのことはよく知らなかったので、あんな見かけないペダルを持っているヤツは、うまいに違いないと思ったのだ。

智史はメタル系のバンドにいたし、ＸＪＡＰＡＮのＹＯＳＨＩＫＩのファンだったので、彼がよく使うツインペダルを買っただけだった。ドラムを叩くには、最初にツインペダルを買わないとダメなのだと思っていたのだ。

長電話で話したバンドのこと、未来のこと

そんなことも知らない桑は、両肩にＲＡＤＷＩＭＰＳの未来と自分の人生を背負い、家に帰って夜が来るのを待っていた。

智史の「夜には帰ってる」とは何時なのかを、聞いておくべきだった。

自分が知る限りで、一番うまいと思うドラマーが智史だった。なんとか引き入れたいが、最初からあまりがっついたところを見せない方がいい気もしていた。

部屋を一人でうろうろしたりして、二十時か二十一時くらいに智史へ連絡した。

智史も、桑の電話を待っていたようだった。桑はＲＡＤＷＩＭＰＳの近況をもう一度説明した。洋次郎の合格を待ちわびていた分、堰を切ったように話した。ＲＡＤＷＩＭＰＳの近況というよりは、自分

の窮状のようになってしまったけれども。

休止したRADWIMPSを、洋次郎の大学合格を機に、もう一度復活させたいと思っていること。洋次郎はバンド再開に対してあまり熱心ではなく、「そんなにバンドやりたいんだったら、メンバー探してこいよ」と言われてしまったこと。「RADWIMPSで食っていく」と高校を辞めてしまったので、RADWIMPSが復活しないと「食って」いけなくなってしまうこと。そして何よりも、洋次郎の作る曲が宝物のように素晴らしいと思っていて、ずっとずっと洋次郎の横でギターを弾いていたいということ。そんなあれこれを、一生懸命に話した。

智史は、桑の気持ちにとてつもなく共感していた。

智史も、洋次郎の作る歌が大好きだった。

二人は、あの曲のこの部分が、あの歌詞のこのフレーズが好きだと、時を忘れて語り合った。二人とも「もしも」が大好きだった。

「あの曲は俺のテーマソングなんだ」

「俺も！」

コイバナでも始めそうな勢いで、夜遅くまで話し込んだ。

バンドで食べていくなんて夢物語だったが、洋次郎がいるRADWIMPSであれば、夢が現実になるような気がした。

「智史、洋次郎に会ってくれよ」

「うん！　会いたい！」

そうして三人は、横浜のファーストキッチンで会った。

桑には、ＲＡＤＷＩＭＰＳが一歩前進した嬉しさがあり、智史にはＲＡＤＷＩＭＰＳに入れるかもしれないという嬉しさがあった。

前のめりな桑と智史が、洋次郎には眩(まぶ)しかった。

この二人の思いにも応えたいと感じたし、顔見知りだったがじっくり話したことのなかった智史は、とにかくいいヤツだった。

三人は翌週、スタジオに入って音を出そうと約束をして別れた。

貸しスタジオをおさえる役は、桑が買ってでた。

翌週のスタジオに、ギターを抱えた桑と洋次郎、例のツインペダルを持ち込んだ智史が集まった。

防音扉をガチッと閉めて、レンタルスタジオ独特の匂いを吸い込む。

洋次郎と桑は、ケースからギターを出し、アンプにシールドをつなぎ、チューニングを始める。

智史は、スネアやツインペダルを、据え置きのドラムにセットする。

セッティングを済ませて大きな音を出す時は、いつも別人になったような陶酔が訪れる。

自分一人の力で耳をつんざき、空気をびりびりと震わせる。

一人一人が無敵モードに入り、三人で目を合わせてから一斉に音を出した瞬間、全能感に包まれる。

そんな感覚を差し引いてみても、洋次郎と桑には、今まで一緒にやったどんなドラマーよりも、智史はうまいと感じられた。

ＲＡＤＷＩＭＰＳへ入りたいというアピールもあったのか、智史は懸命に、持てる限りの派手なフィルを並べた。

やはり音大現役合格はテクニックが違うと、演奏を続けながら、洋次郎と桑は目を丸くしてアイコンタクトしていた。

RADWIMPSのドラムは、山口智史に決まった。

智史が大学で見つけた「すごいベース」

ギター、ボーカル、ドラムと揃(そろ)い、最後のベースを探し始める。

何人かの候補が浮かび、その都度一緒にスタジオに入ったが、テクニックがもうひとつだったり、性格が合わなかったりで、なかなか決まらないまま日々が過ぎた。

オーディションを繰り返してもなかなか首を縦に振らない洋次郎に、桑も智史も焦りを覚えていた。

洋次郎には、どこかで「やっぱりバンドやめようか？」と言い出すような、危うさもあった。

桑も智史も、だいたいの知り合いは既にたどってしまっていた。

最後のピースが埋まらないまま、大学の新年度が始まった。

智史が学校に行くと、肩にベースを下げた人がたくさん歩いていた。

宝の山、最後の頼みの綱である。

ここでなんとかするしかないと、智史は目を凝らすようにして探し始める。

そして同じジャズ科に入ってきた、細面のベーシスト武田祐介(たけだゆうすけ)を見つけた。

武田も高校三年生の時に「ＹＨＭＦ」に出ていて、その時前年に優勝したＲＡＤＷＩＭＰＳのゲストライブを観ていた。

ベースはバンド全体のグルーブを低音とともに支える役割だが、海外のジャズミュージシャンで、ギターよりベースが目立つ音楽を演奏する人たちがいた。武田は、マーカス・ミラーを始めとする、そんなベーシストに強く影響されていた。

縁の下の力持ちとも言われるベースが主旋律を弾くなんて、下克上のようなダイナミズムがあった。スラップという、弦を指で叩いてパーカッションのように音を出す奏法がある。

スラップを多用する武田の派手な演奏に、バスドラムをハイスピードで連打するために、ツインペダルを装備していた智史が魅せられたのは、当然の成り行きだった。

「すごいベース見つけた」と、四人でスタジオに入る。

音大ジャズ科のドラムとベースが繰り出すテクニック。

この時、桑は、他の三人が次々とコードやリズムを変えてセッションを続けるのに、全くついていけなかった。

どのコードを弾いているのか分からなくて、洋次郎がギターのネックのどこを押さえているかを見て音を出すが、次の瞬間には別のコードに展開されていき、リズムも目まぐるしく変化するので、何もできなくなってしまった。

自分以外の三人のレベルの高さに呆然とする桑だったが、あまりに嬉しそうに楽しそうにギターを弾く洋次郎を見て、メンバー探しが終わったことを知った。

洋次郎、桑、智史、武田。

こうやって、ＲＡＤＷＩＭＰＳの四人は揃った。

この文章は、後にメジャーデビュー時に受けた全ての取材で、必ず冒頭に出た質問、「まず、バンド結成のいきさつを教えてください」に答えるメンバーの話を、僕なりに再構築してみたものだ。

取材に立ち会って、メンバーの横でいくたびも同じ話を聞いているうちに、すっかり覚えてしまった。最初の頃は話を聞きながら、この四人が出会って良かったなあとしみじみとした気持ちになっていたが、あまりに同じ質問が続くので、俺が代わりにしゃべろうか？　と思うようになってしまった。

06

「祈跡」

大瀧さんから電話があった。

「新しいメンバーが揃ったから、お互いを知り合うためにレコーディングしたいと洋次郎が言い出して、突然ですがレコーディングすることになりました」

「え！　いきなりレコーディングですか？」

「そうなんですけど、洋次郎はもう曲も作ってるからって」

まだ知り合ったばかりの四人。バンドをやってない普通の友達でも、まずはお互いを知り合うために、食事に行ったりするだろう。バンドだったらなおさらだ。スタジオで練習するとか、ライブをやってみるとか、プロセスはいくらでもある。

「洋次郎は、回り道をしないで核心から入ってくるんですよね。それにはいつも驚かされます」

大瀧さんが笑う。そう聞いて、心配はすぐに希望に変わった。

新たなＲＡＤＷＩＭＰＳが、始動しているのだ。新曲が楽しみだった。

大瀧さんはたまに電話をくれて、レコーディングの進捗状況を教えてくれた。

「順調に進んでいますよ。シングルなんですけど、一曲目は八分を超える大作になりそうです」

「八分ですか？」

「曲のこのブロックは繰り返した方がいいとか、ここは別なメロディーがあった方がいいとか言いながらスタジオで作ってるうちに、八分くらいになってしまって。洋次郎は曲を先に作って後から歌詞をのせるから、『誰だ、こんなに曲を長くしたのは！　俺か！』と叫んでましたよ」

「早く聴きたいです！」

「歌詞も壮大になりそうです。洋次郎が家にあった『百年の愚行』という本に影響を受けているみたいですね。それを見て感じた思いも、歌に注ぎ込みたいと言ってましたよ」

それを聞いて僕は、『百年の愚行』を探して本屋に行ってみた。

人類が重ねてきた、自然破壊、差別、暴力、核、環境破壊や戦争などを、「愚行」としてまとめた写真集だった。ページをめくりながら、胸の奥底に澱（おり）のように、やるせなさが溜まっていくような気がした。

それらの「愚行」には希望がないだけに、希望を求める思いが高まった。その思いこそが、希望そのものなのではないかと感じた。

突然変異のような成長を感じさせられる四曲

レコーディングも終わりしばらくして、大瀧さんが「祈跡」のサンプルを僕に送ってくれた。待ってましたと、段ボールのガムテープを剝がす。ガムテープを左手に丸めて箱を開けると、牛のイラストが見えた。

「祈跡」は、初回盤と通常盤の二種類でリリースされた。初回盤には牛のイラストのトートバッグが付いていた。

封を切るのももどかしく、CDをプレイヤーに入れた。

驚愕した。これほど、とてつもない曲だとは思わなかった。

自分を取り巻く世界や地球。そこで生きることを歌った曲。アコースティックの弾き語り、バンドサウンド、英語、日本語。持てる全てを使い切って作られた「祈跡」は、大瀧さんの言うとおり八分を超える壮大なスケールのものになっていた。

その他、後にRADWIMPS所属事務所の社名となる「僕チン」、「何十年後かに『君』と出会っていなかったアナタに向けた歌」、「そこにある」の全四曲。

それぞれが全く違う振り切り方で、まさに才能が爆発しているのを思い知った。

曲を聴いてすぐ、大瀧さんに電話を入れた。

「本当にびっくりしました。聴いていてドキドキしました。なんて言ったらいいか分からないくらい。歌詞がまたすごくて。天才、いや、化け物かと思いました」

「ありがとうございます。スタジオで歌詞を書きなぐりながら歌っていた頃とは違って、今回は歌詞が上がらなくて、大変でしたよ。なかなか歌詞ができないと洋次郎からメールが来たから、どんな状況なんだと聞いたら、カップヌードルを大量に買い込んで自宅に閉じこもって、ずっと歌詞のことを考えてるって言うんです。パソコンの前に座り、眠くなっても寝ないで、ウトウトと仮眠してまた起きて、歌詞と向き合う。自分の思っていることが、一ミリの過不足もなく表現されているかと、自問自答を繰り返しているって。ずっと一つのことを考え続けていると脳が極度に集中して、ある種の『ゾーン』に入るみたいですね。そこに一秒でも長く留まっているための、カップヌードルなんですって。しっかり食べたり寝たりしてしまうと、その『ゾーン』から抜け落ちてしまうらしくて。一度抜けると、またそこに戻るのに何時間かが必要となるからと、一週間くらい閉じこもっていましたよ」

「天才とか化け物とか言ってしまいましたが、大変な努力、集中力ですね。それも含めての才能なんでしょうね」

届いたCDを持って、上司の長井さんに聴かせに行った。

「ナベちゃん、ヤバイよ、これ。ヤバイ。正真正銘の本物だよ」

試聴室で、長井さんはCDを金の延べ棒のように大切そうに持って、「本物だよ」と繰り返した。

メンバーが替わったとはいえ、同じバンドとは思えない成長ぶりだ。成長という次元ではなく、さなぎが蝶になる変態。いや突然変異と言ってもいいのかもしれない。

「ヤバイですよね。ヤバすぎますよね」

本当にびっくりすると、人は、ヤバイとかスゴイとか、シンプルな表現しか出てこないものだ。その人の持つボキャブラリーにもよるけれども。

長井さんはその場で大瀧さんに電話し、絶賛の感想を伝えた。

受話器の向こうで、大瀧さんの嬉しそうな笑い声が聞こえた。

電話を切って、真面目な顔をして僕を見た。

「来週、契約の話をしてくる。なんとしてもRADWIMPSは、ウチに来てもらわないと」

長井さんは、僕たち現場スタッフが仕事をやりやすいように、生々しいお金の話が飛び交う契約交渉は、自分が引き受けると言った。

数日後のある日会社に行くと、長井さんの行き先を示す会社のホワイトボードに、「ニュートラックス」と書かれていた。普段はホワイトボードに行き先を残したりしない人だから、僕への「行ってくるぜ」のメッセージに見えた。

僕は長井さんが帰ってくるのをずっと待っていた。

帰ってカバンを置こうとしている長井さんに詰め寄った。

「どうでした?」

「なかなか条件が合わないんだよね。大瀧さんも、バンドを大事に思っているから、なるべくいい条件にしたいだろうしね」

そんな日々が、しばらく続いた。

僕は「祈跡」のCDをカバンに入れて持ち歩いていた。家で、会社で、ずっと聴いていた。何度聴いても飽きなかった。

レコード会社が十二社も来ている

「祈跡」は、七月二十二日に発売が決まった。

大瀧さんから、善木さんとツアーの相談を始めたと聞いた。大瀧さんは横浜をベースに活動を続けてきたバンドだからと、横浜でのライブにこだわっていた。

横浜の会場からツアーを始めて、ファイナルも横浜に。そのファイナルは、初日よりもひとまわり大きな会場で。次のツアーは、前回のファイナルをやった会場から始めて、またもう一まわり大きな会場で終わる。

そうやって一つずつ大きくなっていこう。目標のような、取り決めのようなものが出来たようだ。

大瀧さんから、意気込んだ声の電話が入った。

「ファイナルは、CLUB24をおさえました。三百五十人埋まるかどうか勝負に出てみます」

「入るでしょう、すぐ売り切れちゃいますよ」

勝負に出たと言う大瀧さんに対しては無責任だったが、実際にそう思っていた。

何週間か経って、また電話が鳴った。

「CLUB24、売り切れましたよ」

「やったー！　やっぱり！　よかったですね」

僕は、受話器を握りしめていた。

どこかで誰かに認められた気がした。僕と同じで、RADWIMPSのライブを楽しみにしている人がたくさんいる。仲間がいるんだ。

長井さんは相変わらず、何度も大瀧さんと打ち合わせを重ねていたが、契約はなかなか決まらなかった。

「そろそろどうですかって話してるけど、活動再開の話が広まって、レコード会社が十二社来てるって」

「レコード会社って、そんなにあるんですね」

「せっかくいい状況なんだから早めに決めて、次の準備した方がいいですよ、うまく風にのせましょうよって言ってきた。大瀧さんは、今回いろんなレコード会社の人に会ったけど、ナベちゃんのこと褒めてたし、一緒に仕事してみたいと言ってたよ。それは、大きいと思うよ」

「それならいいんですけど、まさに祈りたい気分です」

ここまで来て、後から来た人たちに抜かれるのは我慢できなかった。もう僕の中ではRADWIMPSと一緒に仕事を「したい」から、「するんだ」に気持ちが切り変わっていたのだ。

大瀧さんから、また僕に電話があった。

「ツアーも決まったけれど、ずっとライブをやってないから、リハビリをやることにしました。演奏する感覚を取り戻すために、CLUB24を営業終了後に借りたんですよ。お客さんのいない、リハビリライブ。よかったら観に来ませんか?」

胸が、ぐーっとなった。

遂に長い間、恋い焦がれたメンバーに会えるのか?

リハーサルを観に来ませんか? ということは、さすがにメンバーに会わせるということだ。

大瀧さんの性格から言って、十二社も来ているレコード会社の全員をメンバーに会わせはしないだろう。自分で良いと思ったスタッフ以外は、会わせないはずだ。

こういうのは事務所によって対応が違うのだが、一緒に仕事をしたいと言いに行くと、すぐメンバーに会わせる事務所もあるし、会わせない事務所もある。それには理由もあって、来た人全部に会わせて、メンバーが「あの人がいい」と言い出すと、コントロールが利かない部分が出てくるからだ。「あの人がいい」としても、「あの人の会社もいい」とは限らない。

RADWIMPSのメンバーはまだ未成年ということもあり、順番としては大瀧さんが、この人とやろうと決める。その次に、メンバーに会ってみてください、となると僕は思っていた。

もしかして大瀧さん、決めてくれたのだろうか。

大瀧さんが決めてもメンバーがどう思うかも分からないし、ライブハウスに行ったら、たくさんのレコード会社が呼ばれているかもしれない。

「ありがとうございます！　必ず伺います！」

電話を切って、独り言が出た。

「頼む、俺にやらせてくれ」

07

リハビリのリハビリ

今はもうなくなってしまった、ＣＬＵＢ24。

やっとメンバーに会える。会えるはずだ。遅れたら大変だから、早めに行った。

地下のライブハウスへと続く階段を下る。

観客がいない営業終了後の店は、磨かれたチェック柄のフロアが光ってがらんとしている。横にあるドリンクカウンターでは、店員がグラスを洗っていて、ビール会社のネオン管が点滅していた。

大瀧さんに挨拶する。

「呼んでいただきありがとうございます。とにかく楽しみにしてきました」

「下手でびっくりして帰らないでくださいよ」

お客はスタッフ数人。他のレコード会社は来ていないようだった。

しばらくすると、メンバーがステージに出てきた。パラパラとした拍手が起こる。

僕にとっては横浜アリーナ以来二回目のライブだが、あの時、武田と智史はいなかったし、今日はあまりにも近くにＲＡＤＷＩＭＰＳがいた。すぐそこで動いている。

僕はこの四人が歴史を変えると思っているわけだから、興奮してもじもじしていた。

機材をゆっくりセッティングし、ライブが始まった。

「ＲＡＤＷＩＭＰＳです。リハビリのリハビリのような状態ですが、最後までよろしくお願いします」

洋次郎が挨拶をしてライブが始まった。

そう言うだけあって、確かにぎこちない。モニターとの相性が良くないのか、たまに歌が音程を外れていく。

でもそんなの関係なかった。

何度も何度もＣＤで聴いてきた、あの声が、あの歌が流れてきた。

夢のバンドＲＡＤＷＩＭＰＳが、僕の目の前にいた。

どんなメンバーなのかと、ずっと想像をしていたのだ。身じろぎもしないで見ていた。

完成したばかりの「何十年後かに『君』と出会っていなかったアナタに向けた歌」など数曲を演奏して、三十分くらいのライブはあっという間に終了してしまった。

バンドはまだ動員力もないから、今回のツアーは地元の四、五バンドと一緒に出るイベント制だった。一バンドのライブは、三、四十分間くらい。約三十分のライブのために、何時間も何日もかけて移動する。

「どうもありがとうございました。ＲＡＤＷＩＭＰＳでした。ツアー頑張ってきます」

洋次郎が挨拶してステージから去っていく。そしてまた、パラパラと拍手。

すごすごと帰っていくメンバーの背中を見送っていたら、大瀧さんが僕の隣に来て言った。

「二階の楽屋で落ち込んでいるはずだから、声かけてやってください。そこの奥に階段ありますから」

「ありがとうございます、行ってきます」

僕は階段を昇った。この瞬間を、ずっと待っていたんだ。

大瀧さんは、一緒に上がってこなかった。

あんなものを観せちゃってすみません

昇った先にあったのは、楽屋ではなくライブハウスの事務所だった。そこが楽屋スペースを兼ねていた。壁には古い剝がれかかったポスターがあって、曲がった部分に埃がたまっていた。その横には、スケジュールが書かれているホワイトボードがあった。何度も文字を書いて消した結果、消え残った文字がこびりついて、幾何学的模様を描いている。

その前に事務机がいくつか向かい合っていて、机の上は書類やライブ告知のフライヤーで溢れかえっていた。書類の山の下から受話器のねじれたコードがのぞいていたが、電話がどこにあるかは分からなかった。

そんな机の前の椅子に横並びで座り、洋次郎と智史が紅潮した顔で水を飲んでいた。

武田と桑はそこにはいなかったから、機材の片付けをしているようだ。

嬉しかった。遂に会えたって思った。

目が合うと洋次郎が、照れくさそうに笑って立ち上がった。

鳥の巣のような髪をして、目がキラキラしていた。

洋次郎の茶色いルーズなシルエットのカットソーは首回りがゆったりしていて、黒いタンクトップがのぞいていた。その上で茶色い皮のネックレスが揺れた。

「初めまして、東芝EMIの渡辺です」

「RADWIMPSの野田です。あ、こちらはドラムの山口です」

一緒に立ち上がった智史を紹介してくれる。

「わざわざ来てもらったのに、あんなものを観せちゃってすみません。今日は東芝EMIの人が来るって聞いて、みんな緊張しちゃって。演奏終わってここに帰ってきて、まず東芝EMIから終わった。途中で帰ったなって話してたんです」

茶目っ気たっぷりに笑顔で話す。

僕はやっと会えた嬉しさで気持ちがごちゃごちゃになって、緊張していた。立ったまま夢中で、敬語で話していた。

「あんなものを観せてなんて、とんでもないですよ。東芝EMIは終わったなんて言わないでください。ぜひ、一緒にやりたいんです」

「マジですか、マジですか」

「マジですマジです」

「マジですかー」

智史は帽子を斜めにかぶって横に立ったまま、水の入ったペットボトルを持ってずっとニコニコしていた。

階段を昇る足音がして、武田と桑が帰ってきた。

二人ともひどく瘦せていて、子供のように見えた。挨拶をしたが、どう話していいか分からない。

「会えて嬉しいです。ＲＡＤＷＩＭＰＳの大ファンなんです」

洋次郎が間をつなぐように、「東芝ＥＭＩは終わったと言ってたけど、終わってないって！」と言うと、桑が笑った。

「ホントですか、あんなライブで」

「マジですマジです。一緒に仕事したいんです」

「うちら、とことん下手なんですけどね」

武田も笑うから、僕も笑った。

「あんなに素晴らしい音楽があれば、そんなの関係ないんです」

メンバー全員に良い印象を持ってもらいたくて、精一杯だった。

誰か一人と話しながらも、なるべく愛想の良い笑顔で、四人均等に目を合わせて話すように気をつけていた。

そうしながらも、ずっと笑っていたら軽薄に見えるだろうかとも心配していた。メンバーに僕が、どう見えているのか気になった。「業界の胡散臭い人」ではなく「いい人そうじゃん」と思われたかった。

話が長すぎず短すぎないようにタイミングを計りながら、「あまり長居をしても迷惑だから行きますね。また来ます。また会ってくださいね」と念を押すように言った。

「ぜひぜひ！　よろしくお願いします」

ぎこちない会話の先にある未来

今はもう、なくなってしまったライブハウス。あのちょっと埃臭い二階の事務所で、僕はＲＡＤＷＩＭＰＳに初めて会った。

真っ白く細長い蛍光灯の下に五人だけがいて、僕にとっては貴重な、短い会話をした。

洋次郎と武田が十八歳、桑と智史が十九歳だった。

階段を降りて、大瀧さんにメンバーに会えて嬉しかったこと、ますます一緒に仕事がしたくなったと伝えて外に出る階段を昇った。

横浜から帰る終電ギリギリの電車に一人で揺られながら、充足感に満ち溢れていた。四人がステージにいるたたずまいに、ドキドキしたことを思い返していた。

今日のリハビリライブに、他のレコード会社の人はいなかった。それが意味するものは何なのか、考えが止まらなくなっていった。

大瀧さんが僕をメンバーに推薦してくれて、それなら会ってみようかと、今日はメンバーとの顔合わせも兼ねていたのではないか。僕が帰った後「どう思った？　渡辺さん」と、みんなで話しているのではないか。今頃「めっちゃいい感じ」なんてメンバーが言っていて、一緒に仕事ができるようになるのではないか。希望と妄想が入り混じってむくむくと膨れ上がっていった。

翌日は嬉しくて、「祈跡」の四曲をオールリピートで一日中聴いて、社内でうるさがられた。

こんな曲を出して、売れないわけがない。

大変なことになると思った。

歴史が変わるんだ。

その後も、大瀧さんと長井さんの間で、契約についての劇的な進展はないようだった。

ただ、僕には劇的と言える変化があった。

ライブハウスに行ったら、大瀧さんが前よりずっと親しく話してくれたし、メンバーにはもう会っているわけだから、楽屋に押しかけて話すことができた。まだぎこちない会話の先には、未来がある気がした。

初めてRADWIMPSを観た「YHMF」の横浜アリーナでは、大瀧さんにだけ挨拶をして帰った。大瀧さんの周りには音楽業界らしき人もいて、レコード会社の人かと心配になった。その時とは、全く違う状態にいた。

あとはもう、条件面の調整が済めば、一緒にできると感じていた。

メンバーたちも「このまま東芝EMIとやるんだろうな」というニュアンスで僕に接してくれていたし、僕も「RADWIMPSとやるんだ」と、社内外の信頼できる人に言い始めていた。その中から何人かがライブを観に来るようになり、みんなが素晴らしいバンドだと言ってくれた。

今までは僕とバンドの関係しかなかったものが、こうして社会性を持ち始めていた。

平面しかなかった世界に立体が誕生する時のような、空間が歪んでいく感覚があった。

それを作っているのは僕なのだと思うと、自分の存在が大切なもののように思えて、充足感があった。

08

契約成立

リリースされた「祈跡」は、まだ大きな動きこそなかったものの、確実な手応えを残していた。

いいアーティストに関して耳の早い、全国のラジオ局の人たちからも僕に連絡があった。

「RADWIMPS、ナベさんがやるって噂聞いたんだけど、ホント？　絶対やった方がいいと思うよ」

「なんで知ってるの？　やりたいんだけど、まだどうなるか分からないんだよね。他社もすごいみたいで」

「RADWIMPSはもう、うちの会社で決まってますから、と言ってる人もいるみたいよ」

レコード会社間で争奪戦のようになってくると、こういう「もう契約決まりました」と嘘（うそ）の情報を流して、他社を諦めさせようとする人まで出てくる。

最初から嘘をついて人を出し抜こうとするなんて、そんな人は嘘の音楽しか扱えない、本物の音楽は扱えないと僕は思っていた。

それでも、契約が済むまで不安は常にあった。

インディーズバンドをオンエアーするラジオ番組で、「祈跡」はガンガン流されていた。オンエアーされるたびに、リスナーから「今のは誰ですか？　もう一度聴きたい」と問い合わせやリクエストが届き、「祈跡」以外の曲も紹介されていった。

「RADWIMPSをかけると、リスナーの反響が確実にある」という話は、一つの番組からラジオ局全体に拡がり、他の番組でも「祈跡」は流されるようになってきた。そんなことが、同時多発的に全国のラジオ局で起きていた。

ラジオで曲を聴いたリスナーは、CDショップに向かった。そこでも、多くのスタッフがRADWIMPSをプッシュしていた。

僕にRADWIMPSの存在を教えてくれたような手書きのPOPは、より店数を拡大して全国のインディーズコーナーで展開されていた。

店内で「祈跡」が流されるたび、ラジオ局同様「今流れているのは、誰の曲ですか？」とお客さんから問い合わせがあるだろう。

それによってまた、試聴機の設置店が増える。

もう、火がつきかけていた。

早くしないと、いけない。早くしないと。

最初に思ったのは「これで新曲を誰よりも早く聴ける」

新しいメンバーでの試運転と言うには、あまりにも実りがあった「祈跡」を経て、大瀧さんとの契約は大詰めの時期に来ていた。

幾度にもわたる交渉の末、ある日「今日こそ、決めてくる」と長井さんが出かけていった。

何やら勝算がありそうな長井さんに、声をかける。

「お願いします！　よろしくお伝えください！」

そしてまた、帰ってくるのをずっと待っていた。

長井さんは夜遅くなって、帰ってきた。

「どうでした？」

「ニュートラックスのドアを開けて、『今日こそ決めてもらいますよ』って言ったんだよ。『うわー、こわいなあ』って、嬉しそうに笑う顔を見て、決まると思ったんだよね。契約成立だよ。ナベちゃんにお願いしたいって言ってたよ」

長井さんの表情が崩れる。

「やったー！　お疲れ様でした！」

両手で長井さんと固く握手をした。

最初に思ったのは、「これでRADWIMPSの新曲を、誰よりも早く聴ける」ということだった。

後に洋次郎にこの時のことを話したら、「やっと契約できたのに、そんな小さいこと思ったの？」と笑われた。

僕にとってそれは、「小さいこと」なんかじゃなかった。

世界が手に入ったような気分だった。

お礼を伝えようと大瀧さんに電話すると、嬉しそうな声が聞こえてきた。

「いやあ、長井さんに押し切られました。今後ともよろしくお願いしますね。ツアーファイナル九月三日のCLUB24には来てくださいね。簡単な打ち上げをやろうかなと思っていて、渡辺さんにお願いがあるんですが」

契約成立直後のお願いって何だろうと、身構えた。

「洋次郎に、勉強にもなるからビートルズを聴かせたいんです。EMIといったら、ビートルズじゃないですか。この前、ビートルズのボックス、出ましたよね？ ビートルズがいる会社からデビューするんだって、伝えたくて。あと洋次郎って、僕から見るとジョン・レノンみたいなところあるんですね。オノ・ヨーコを、女性を、神みたいに崇(あが)めてしまう感じが。ツアー、お疲れ様と言って、渡辺さんから渡してもらえませんか？」

ビートルズの全アルバムをボックスにしたものが出たばかりで、三万円くらいの高価格にもかかわらずヒットしていた。

社内割引を使って購入したボックスは、工場から直送で来たので包装されてなく、剝(む)き出しの状態だった。

それだとそっけなかったので、ボックスを会社にあった段ボールに入れて、コピー用紙に「ツアー、お疲れ様!」などとサインペンで書いて、箱を開けた洋次郎に見えるように入れた。

RADWIMPSの音楽に先入観なしで触れてもらいたい

契約成立直後には早速、大瀧さんやライブのブッキングを担当することになった善木さんと東芝EMIで今後の打ち合わせをした。

そこで、メジャーデビューの前にインディー最後のアルバムを出すと決めた。

バンドは急速に求心力を高めていたし、熱心な音楽ファンやお店のバイヤーには充分認知された状態で、メジャーデビューを迎えたかったたからだ。

一度しかないデビュータイミング。社内外の人をたくさん巻き込んで、一番良い状況でバンドを送り出そうと考えていた。

レコード会社には営業部門もあり、リリースの時はお店に注文を取りに行く。この時にお店のバイヤーから「RADWIMPS、ついにメジャー行くの? ウチのお客さんにも、ファンが多いですよ」と言われたら、話が早い。

「RADWIMPS? 知らないなあ」では、営業の人が頑張って説明しても、「出してみないと分からない」となってしまったりする。

宣伝チームは放送局や雑誌社等のメディアにCDを配布し、プロモーションを促していく。CDを渡した時に、「RADWIMPSの新曲? 嬉しいねえ。リクエスト来てるよ」と言われたら、こちらも話が早い。

僕はＲＡＤＷＩＭＰＳは成功すると確信していたので、どうやって売るかではなく、どんな状態で売れる時を迎えるかを考えていた。

センセーショナルで斬新、なおかつ消耗されない売れ方がある。作品が素晴らしいアーティストだけが、そこに到達できるはずだ。

ＲＡＤＷＩＭＰＳの最大の強みは、ものすごい作品を作っているのに、まだ誰も知らないまっさらな状態にいること。

どんなビッグアーティストも、誰も知らない状態にだけは戻ることができない。

だからこそＲＡＤＷＩＭＰＳの音楽を、先入観なしで聴いてもらうことができる。

そうしたらリスナーの中でどこまでもイメージが膨らみ、曲はそれぞれの中で育つ。

感度の高い音楽ファンに、ＲＡＤＷＩＭＰＳは必ず刺さる。そこから始まって、裾野は何十万人へと拡がっていく。

何十年も続いている、タイアップやテレビで大量露出をして、ヒットを作る方法にも正直うんざりしていた。大量露出により、アーティストは消耗し消費され、あっという間に耐久性を失う。

大切なアーティストを、そんなふうにはできない。

タワーレコードでＲＡＤＷＩＭＰＳを見つけて以来、僕は、彼らの音楽をどうやって世の中に広めていくのかをずっとイメージしていた。

思い描いてきたことを、実現させる時がついにやってきた。僕とＲＡＤＷＩＭＰＳはとうとうスタート地点に立った。
未来はどこまでも明るく輝いて見えたし、不安や曇りもなかった。

09

初めてのツアー打ち上げ

僕はＲＡＤＷＩＭＰＳのことを一年以上考え続けていたけれど、生身の彼らとは出会ったばかりだった。彼らの方からすると、僕は突然現れたレコード会社のオジさんである。これから仕事を一緒にしていくには、関係を早急に深めていく必要があった。

僕はＲＡＤＷＩＭＰＳをかけがえのないものだと思っていたし、その思いもメンバーに知ってほしかった。

二〇〇四年七月に「祈跡」がリリースされ、同時に始まったツアー初日のＣＬＵＢ24ＷＥＳＴにも、開演時間のずいぶん前には行っていた。

ところがまだ一緒に仕事をしているわけでもないし、この間「初めまして」と言ったばかりでそんなに話すことがない。

楽屋に行って、メンバーに挨拶をする。

「こんにちは、今日は楽しみにして来たよ」

「あ、わざわざありがとうございます」

洋次郎が立ち上がり、つられてみんな立ち上がる。

楽屋は軽音の部室のように、お菓子やお弁当、楽器や弦が入り乱れている。

「まあ、座って。どう、ツアー初日は」

「いよいよですね、不安と楽しみ半々です」

智史が笑って、武田を見る。

「頑張ってみます」

「桑原くんも、楽しくね」

まだ何と呼ぶかも定まらず、くん付けで呼んでいた。

「まあ、なんとか」

そんな調子で一緒に楽屋に座ってニコニコしながら、メンバーの会話は聞き逃さないようにしていた。

「桑、俺のギター最近チューニングすぐ狂うんだよな。チューナーある？」

「えっと、どこだっけな」

なんて会話があると、僕も立ち上がる。

「チューナー？　この辺で見た気がするよ。どこの使ってたっけ？」

「どこだっけ、ヤマハかな？」

チューナーなんて見た覚えがなくても、こうやって最初は割り込むように会話に入っていた。

アンコールの「もしも」が始まった日

ＲＡＤＷＩＭＰＳのライブではアンコールを求める時、自然発生的に観客が「もしも」を合唱するようになった。

それが始まったのは、この日だったのである。

きっかけは、観客の中にいたメンバーの友人たちにあった。この日は、メンバーからチケットを無理やり買わされた友達も多かったようだ。

この友人たちの多くは、ＲＡＤＷＩＭＰＳが出たコンテスト「ＹＨＭＦ」にも来ていたのであろう。ＲＡＤＷＩＭＰＳは二〇〇二年七月二十七日、横浜・関内ホールでの予選を通過し、八月二十七日に横浜アリーナでの決勝大会へ進んだ。駆り出されるようにやってきていた友人たちは、会場でずっと「もしも」を応援してきたに違いない。

そのコンテストでの優勝をきっかけに、最初のアルバム「ＲＡＤＷＩＭＰＳ」をリリースするのだから、友人たちにとっても「もしも」は特別な曲だったのだと思う。

友達がＣＤを出すなんて結構レアなケースだし、彼らの学生生活においても大切な曲になっていたのかもしれない。

この日のＣＬＵＢ24ＷＥＳＴでは、ライブ後半になると友人たちから、「『もしも』！『もしも』はまだ？」と声がかかるようになる。曲と曲の間にメンバーがチューニングや、水を飲んだりしている静かな時に。

そのくらい人気の曲だっただろうし、「もしも」しか知らない人も多かったのではないだろうか。

ＲＡＤＷＩＭＰＳは結局「もしも」を演奏しないまま本編を終えてステージを降り、客席からアンコールがかかる。

みんな楽しみにしていたらしく、『『もしも』やってー！』と女の子から声がかかる。別な女の子たちも追いかけるように、次々と「『もしも』ー！」と叫ぶ。

そのうちに、楽屋にも届けとばかりに野太い大きな声が響いた。

「アンコールで『もしも』やって、盛り上げて終わろうと思ってるんだろ？　もう、『もしも』くらいしかやる曲ないもんなあ！」

客席は、爆笑と歓声に包まれた。

それで会場の空気が一つになり、なかなかステージに出てこないバンドを待ちながら、みんなで「『もしも』！『もしも』！『もしも』！」とコールが始まった。

それでもまだ出てこないから、遂に誰かがサビを歌い出し、自然と大合唱が始まったのだ。

今へと続く、アンコールでの「もしも」が生まれた瞬間だった。

ようやくメンバーがステージに出てきて、大歓声が起きる。

当然演奏される曲は「もしも」だ。歌い出しの「This is a song for everybody who needs love」から、みんなが大声で歌っている。

コンテストに応募して、この曲を、ＲＡＤＷＩＭＰＳを世に出すきっかけとなった桑は、楽屋で鼻血を出し、鼻にティッシュを詰めたまま「もしも」のギターソロを弾いた。

だから熱いアンコールにもかかわらず、なかなか出てこられなかったのだ。

洋次郎はギターソロを弾く桑の後ろにまわり、ソロのメロディーに合わせてピックでTシャツの上から桑の乳首を弦のように弾いた。

くすぐったいのか痛いのか、桑が顔と体を左右にくねらせて弾くから観客も跳びあがって笑った。

こうして初日のワンマンは、鼻血と爆笑にまみれて伝説となった。

楽屋でメンバーの会話に割り込む

僕は次のライブも、その次のライブも、同じように楽屋に行って、メンバーの会話に割り込んでいた。

智史がドラムのスティックで練習台を叩いていて、その横で武田がリズムを合わせてベースを弾いている。

「やはり上手だねえ。音大って楽しい?」

「とんでもないですよ。うちら大学で一番下手な二人なんです」

智史はそう言って笑う。

「下手だから実技に苦労するんですよね。課題が多くて」

武田が手を休めずに言う。

練習中に邪魔だったかもしれないけれど、こちらも話をしたくて来ているわけだから、遠慮しないでいた。

ライブが終わればまた楽屋に行って、感想を伝えた。良いところをたくさん見つけて、良いと伝えたかった。良くないなと思うところは、さりげなく愛情を持って伝えようとしていた。

「ステージに出てきてちゃんとお客さんを見渡して、一呼吸置いてドン！　と始まるところカッコ良かったし、後半のアップな曲で畳み掛ける流れも、すごく良かった！　あとボーカルは、リハーサルの時にモニターのバランスを、歌いやすいようにいろいろ試すと音程が外れにくくなるみたいよ」

「そうなんですね、次からやってみます」

最初のうちは、かなり頑張ってしゃべっていた。

そのうちに終演後に楽屋に行くと、湯気が出るように赤い顔をして汗を拭いているメンバーから、「今日はどうでした？」と言われるようになってそれも嬉しかった。

ツアーのスケジュールが合う場所では、善木さんが各地のＦＭ局にゲスト出演をブッキングしていた。メンバーはおずおずとＦＭ局に行き、「横浜から来たＲＡＤＷＩＭＰＳです」と慣れないトークをした。

僕も行けるところはなるべく行って、メンバーやラジオ局の人ともコミュニケーションをとった。

局に着くと、洋次郎が手を振ってくる。

「あ、来てくれたんですね」

「うん、特にすることもないんだけど」

「いえいえ、心強いです」

若いのに、ずいぶん気を使ってくれるんだなと驚いた。

パーソナリティが「本日のゲストは、ＲＡＤＷＩＭＰＳのみなさんでした。最後に一曲お届けします」と言って、「祈跡」からの曲がオンエアーされた。

僕はラジオ局にいる、いい音楽が好きな人にだけCDを渡してほしいと、RADWIMPSがツアーで行く全国各地の東芝EMIのスタッフに電話をかけ続けていた。

「CDを渡して『聴いたけどあまり好きじゃなかった』と言われたら、『失礼しましたー！』って、CDを返してもらっていいから」

そう言うと、みんなが冗談だと思って笑ったが、僕は本気だった。

一台のワゴンで全国を回るツアー

ツアーのホテルは東横インがメインだった。

メンバー用の部屋はツインを二室取り、昔からの知り合いの洋次郎と桑で一室、同じ学校の武田と智史で一室、という部屋割りだった。

この頃よく善木さんが、「東横インがいかに新人バンドのツアーに適しているか」を熱く語っていた。一般的にバンドのツアーでは、楽器車といわれるハイエースに、機材とメンバーを乗せて移動することが多い。東横インは何度駐車場を出入りしても料金が格安のままだったり、立地が便利なところにあるのに部屋の料金も安かったりなどなど、いいことずくめなのだそうだ。特に会員になると細部までよく考えられたシステムがあり、発揮されるポテンシャルが高いという。ネット予約で三回泊まると靴下がもらえて、メンバーはいたく感激していた。

東横インがそこまですごいなんて知らなかったし、そんな話は、レコード会社にいて新人を立ち上げたことがなかった僕には面白かった。

みんなと一緒に東横インに泊まって寝ていたら、隣の部屋から壁を蹴る音がして起きてしまうこともあった。隣は誰だっけ？　寝相悪いのかな、寝ぼけているのかな。そんなことを思いながらウトウトするのも、いちいち楽しかった。

この頃は、ツアーを大瀧さんの家庭用のワゴンで移動していた。ハイエースのような積荷スペースがないから大変だった。

彼らは試行錯誤の末、機材収納の方法を生み出していた。

後ろの席に武田、桑、智史が座ったら、窓がするすると開く。

次に車の外にいる洋次郎が、開いた窓から後部座席の三人にギターとベースを手渡す。横にして差し込む形だ。ギターとベースは車のトランクに入らなかったので、こうするしかなかった。

膝に置くというか腿の上で抱えるしかなく、重くて痛くなったら多少動かして我慢する。パーキングエリアで車から降りる時は、三人がタイミングを合わせて楽器を押さえ、一人ずつ横にスライドするように出なければいけなかった。

車のトランクは全員の着替えや生活用品で埋め尽くされ、ギターやベースのシールド類（ケーブル）やエフェクターを入れた大きなプラケースが、前列助手席の足元に置かれた。

大瀧さんが運転席に座り、洋次郎が助手席に座る。

座るといっても大きなプラケースが足元にあるから、その上で膝を折り曲げて体育座りのように乗り込む。洋次郎は他の三人よりも体が大きかったから、これが一番良かったのだろう。

車は、重さに耐えきれず車高を斜めに低くして、ゆっくりと次の会場へ向けて出発していった。

ＲＡＤＷＩＭＰＳは突然現れて売れていったイメージがあるかもしれないが、結構叩き上げなのである。

初めてのツアー中の七月には、全員が十九歳になっていた。

洋次郎の身長が百八十センチと大きかったが、他の三人は痩せていて華奢で同じ年齢には見えない。そうは言っても食べ盛りである。四人は全国を旅して、各地の名物を気持ち良く食べまくっていた。

一番痩せていて女の子みたいと言われていた武田が、「痩せの大食い」の言葉を裏切らず特によく食べた。

あるライブのこと。他の三人がＴシャツで汗だくになっているのに、武田だけはコートを着てベースを弾いていた。

ライブが終わった楽屋で、智史が水を飲みながら言う。

「武田、暑くないの？　見てるだけで暑いんだけど」

「寒いよ。寒くない？」

心配した善木さんが、武田の額にさわる。

「熱がある。武田、病院行こう」

病院で診察を受けた結果、「食べすぎ」と言われ点滴をして帰ってきた。

この瞬間、桑の鼻血に続いて武田も伝説となった。

高熱を出すほどの過食。過食にかぶせられた点滴。今も大切に語り継がれている。こんな武勇伝が日常に溢れている、笑いの絶えないツアーだった。

居酒屋の入り口で止められる十九歳たち

横浜から関東近郊、そこから四国、九州などを経由して関西へと進んで、RADWIMPSは横浜に帰ってきた。

いよいよツアーファイナル。九月三日、CLUB24。

さすがにワンツアーをこなしたバンドは、ひとまわり大きくなっていた。

いつものようにミクスチャーロックで飛ばした後に、アコースティックコーナーで武田がウッドベースを弾いて、僕は驚かされた。当時、そんなことをする若いロックバンドはいなかった。

別なコーナーではメンバー全員が浴衣に着替えて出てきて、客席に大きなビーチボールを投げ入れながら、この日のために制作した新曲「夏の太陽」が演奏された。ある意味ではRADWIMPS史上最もエンターテイメント性の高いライブだったかもしれない。

本編で「もしも」をやらなかったので、今回もアンコールで客席から「もしも」の合唱が起きた。

アンコールで「もしも」をやり、桑のギターソロに合わせてまたもや洋次郎が、後ろから桑の乳首をピックで弾いた。桑が変な顔で身をよじらせながらギターを弾いて、この日も大喝采を浴びた。

ライブが終わりメンバーが片付けなどをしているあいだ、僕たちスタッフは近くの居酒屋で飲んでいた。

終わったらメンバーが合流すると聞いていた。なかなか来ないと思っていたら、店員が僕たちのテーブルにやってきた。

「四人組に店の入り口で年齢を聞いたら十九歳と言うので、お店に入れることはできないと言ったんです。中で待ち合わせをしているので入れてほしいと、このテーブルを指差しているんですが、十九歳と聞いた以上は店に入れられません」

「もちろんお酒は飲まないし、食事だけです」

説明して、やっと入れてもらった。メンバーが来る前に「お酒を飲まない証明」として、善木さんがウーロン茶を四杯頼んでいた。

洋次郎がテーブルにやってきて、肩に下げていたギターを下ろしながら言う。

「桑が先頭で行ったのがマズかった。お前、居酒屋で年齢聞かれて『十九歳です』って言ったら、入れてくれるわけないだろうが。なんで年齢聞いてると思うんだよ」

「とっさに聞かれたから、びっくりしちゃって。そこまで頭が回らなかった。ごめん」

そんなやりとりも新鮮で、みんなで笑った。

メンバーはウーロン茶で、その他の大人たちはビールで乾杯した。

「ツアー、お疲れ様！」

「お腹空いただろう。たくさん頼んでいいよ」

善木さんが呼びかける。

「おおー！　腹へった！」

洋次郎が叫んで、メニューを開いてテーブルに置く。四人で頭をくっつけるようにして見ている。

「スパゲッティを三つ、やきそばを三つ、チャーハンは三つ？」

洋次郎が顔を上げて三人を見まわす。

「四つ」

智史が答える。

ライブを終えた四人の十九歳による炭水化物祭りが始まり、見ているだけで胸焼けがするようだったが、パワフルで爽快感さえあった。

「すみません、あと餃子四人前ください！」

アンコールは何回か続いた。

やっと一段落した頃、お酒で少し上気した顔で大瀧さんが言った。

「今日は、東芝ＥＭＩの渡辺さんと山口さんが来てくれているけれど、どういうことか分かるか？　契約が成立した！　ＲＡＤＷＩＭＰＳのメジャーデビューだ！」

「えええええー！　おおおおー！」

メンバーがどよめく。

「メジャーデビュー？　俺たちが？」

四人は立ち上がり、ハイタッチを始めた。

十九歳の無邪気さに押され、みんなが立ち上がってハイタッチをした。

「よろしくお願いします！」

「こちらこそ！」

大きな声を出すから、「お酒飲んでないだろうな」という顔で、店員が見に来た。

「ツアーファイナルやデビューを記念して、東芝ＥＭＩさんからプレゼントをいただいているから。渡辺さん、お願いします」

大瀧さんに促され、僕が段ボールを持って立ち上がる。

プレゼントというよりも、大瀧さんからのリクエストなんだけれどと思いながら。

「プレゼント？　びっくりだなあ、今日は」

一緒に立ち上がる洋次郎に、例のビートルズボックスが入った段ボールを渡す。

「うわ、なんだろう」

箱を開けるのを、誰もがにこやかに見守っていた。

「うん？　何だろこれ？　ビートルズ？　よく知らなかったから、聴いてみます！　ありがとうございます！」

「知らないよね、十九歳だったら」

「名前は聞いたことある」

洋次郎からはあまり喜んでいない印象を受けたが、大瀧さんは嬉しそうだった。

「遅くなると親御さんに怒られるから」と、初めてのツアー打ち上げは、健全な時間に終了した。

いきなり新しいメンバーでレコーディングに突入したが、このツアーで本格的にみんなのコミュニケーションが密になっていった。バンド内も、メンバーとスタッフも。

バンドとは、一つの音楽を世に問うコミュニティなのだが、ツアーがそのコミュニティをしっかりと固めてくれる。ツアーは全国各地に赴き、外部に対して行われるが、バンドやチームの内部を深めてくれるものなのだ。

みんなで旅をするとは、そういうことだ。

僕はそれぞれの場所で、少しでも早くメンバーに溶け込もうとしていた。メンバーの会話の中に自然に入っていくと、そこに言葉も同調していく。

みんなが「洋次郎」と呼ぶからいつの間にか、「野田くん」から「洋次郎」に、他の三人のことも「桑」「武田」「智史」と呼ぶようになっていた。

メンバーもいつの間にか「渡辺さん」から、「ナベさん」と呼んでくれるようになっていた。

10

十代最後の作品

ツアーが終わり、レコーディングが始まった。

新生ＲＡＤＷＩＭＰＳとしては初めての、インディー最後のフルアルバムは、十代最後のアルバムでもあった。

洋次郎の制作意欲は高く、前作の「祈跡」からはタイトル曲がアルバムバージョンとなって収録されたのみで、他は全て書き下ろしの新曲が用意された。

レコーディングは、今はもうなくなってしまった湾岸のスタジオで始まった。前回のプライベートスタジオよりも大幅にグレードアップしたスタジオで、入ってきたメンバーは口々に驚きの声をあげた。

「すげえスタジオ」

「プロっぽい」

「うちらにはもったいない」

楽器を肩に下げたまま、どこに置けばいいのかも分からない様子で、周囲を見回している。

スタジオには、いくつかのブースと呼ばれる仕切られた部屋がある。ギターアンプだけを置いた部屋にマイクを立てれば、ギター単独の音が録れる。同様にベースやボーカルも個別に録音する。一番大きなブースに、ドラムセットを組み立て始める。ドラムは機材が多いので、メンバーやスタッフみんなで運ぶ。

「僕らでやるから大丈夫ですよ」

智史にそう言われながらも、僕も一緒に運んだ。

コントロールルーム横の廊下部分が、ギターのブースとなった。コントロールルームとは、各ブースの音をまとめて調整する、レコーディングのメインとなる部屋である。

効率良く場所を使うために、横の廊下も防音扉で閉じればブースとなるようになっている。その代わり、コントロールルームから出る時には、そのブースを通る必要がある。

桑は他のメンバーが作業している間、ずっとそのブースにこもってギターの練習をしていた。何でも器用にこなす洋次郎と音大のリズム隊に挟まれ、ずいぶんプレッシャーがかかっているようだ。

僕が防音扉をガチャッと開けると、桑がびっくりしてギターを弾いていた手を止める。

「ごめん、弾いてた？」

「いや、大丈夫です」

「ちょっとトイレに」

「はい」

しばらくして、またガチャッと帰ってくる。

「はい、ごめんね」

「いえ」

「リフ、難しいから大変だね」

「まいりました」

そんな会話をしてコントロールルームに戻ると、逼迫（ひっぱく）した表情の洋次郎が、武田や智史に指示を出していた。

四人の音を聴いてトータルで捉えてほしい

束の間の休息は、食事時。

レコーディングスタジオでは、近所から出前を取ることが多い。ロビーの大きなテーブルにメンバーと並んで、よくカレーを食べた。

十九歳の若者である。よく食べるし、よく笑う。

テレビの話、彼女の話、友達の話。いろんな話題が元気よく飛び交う。

ほぼ同じタイミングで食べ終わるから、最後にはスプーンで容器をこする音が響く。みんなで合宿に来たみたいで楽しかった。

食後はケータイを取り出して、こんなメールが来たと見せ合って笑っている。

ケータイを手にしている四人に、僕も交ざるように入っていく。

「連絡先教えてよ。何かあればやりとりできるように」

「そうですね、まだ交換してなかったですね」

ケータイの麻雀ゲームで面白いのを見つけたと熱く語っていた智史が、カチッとケータイを開く。まだスマホではなく、折りたたみケータイの時代だ。

「会社の近所に来たら遊びに来てね」

「まだ行ったことなかったですね、東芝ＥＭＩ。東芝といえばサザエさん」

洋次郎がそんなことを言う。

「サザエさんのテーマは、東芝ＥＭＩから出てるよ」

「そーなんだー」

四人が声を揃えて、驚いた顔をしている。

「サザエさんと同じ会社からデビューするのかー」

そんな会話をしながらも、上がってくる音にはすごいものがあった。

スタジオで洋次郎は、「智史と武田は、手数が多すぎる」とよく口にした。ドラムとベースの音が多すぎるということだ。隙間を恐れるように音数を増やしてしまう二人の癖を、修正しようとしていたようだ。

インストではなくボーカル曲だし、ドラムやベースが空間を隙間なく埋めていたら圧迫感がある。自分のプレイだけではなく、四人の音を聴いて曲をトータルで捉えてほしいと何度も語っていた。僕はこれにも舌を巻いた。

僕の経験から言っても、若いバンドマンはだいたい自分の担当楽器しか聴いていない。例えばドラマーだったらドラムだけを聴いて、ミスを修正できたらそれで終了。曲を作ってまとめる立場にいるボーカリストでも、自分の歌ばかり聴いて修正を繰り返す人もいる。そういう人は細部が全てになってしまい全体にまで意識が届かない。音楽を聴く人は一曲を通して全体を聴くわけで、歌だけを抜き出して聴いたりはしないのだが。

十九歳の洋次郎が誰に言われなくても、常にミクロとマクロの視点から曲を捉え続けていたのは、驚きというよりも感動的だった。

「手数が多い」という一方で、「あまり抑えても可哀想。二人がもっと行きたがっているのが分かるから」と、ドラムとベースが炸裂するような「ヒキコモリロリン」も作られていった。

曲中の「『あかさ田中昌也だ!!』って、誰?」と聞いたら、「俺の学校の先生」と言われて、その自由度にも感動した。ずいぶん素敵な先生だったそうだ。

「祈跡-in album version-」は壮大なオーケストレーションで彩られ、最後のエンディングテーマのように「ララバイ」が作られた。

三十九度の熱を出してのマスタリング

ハイペースでレコーディングが進み、いよいよ最後の作業、マスタリングの日を迎えた。

レコーディングした音源を、二つのスピーカーで再生するために、最適なバランスで右と左の二チャンネルにまとめるのが、ミックスダウン。それが終わった全曲を一つにまとめ、アルバム全体のバランスを整えるためにイコライジングなどをするのがマスタリング。ここで、プレス工場に送られるマスターが作られ、全ての工程は終了となる。

マスタリングは、JVCビクターのエンジニア、小鐵徹（こてつとおる）さんによって行われた。数々の名作を手がけた、日本トップクラスの人だ。

ワクワクしながら僕は、スタジオがある新子安のビクターに向かった。

早めに着いて待っていたら、すぐに武田と智史、桑がやってきた。

しばらくして、洋次郎が遅れて廊下を歩いてきた。黒い厚手のコートのボタンを全部とめて、顔半分をマフラーに埋めている。顔色が悪い。

「具合悪いの？」

「熱が三十九度出ちゃって」

レコーディングに全精力を注ぎ込み続け、ホッとした瞬間に熱を出したようだ。

フラフラとスタジオのロビーにあるソファに近づき、体を投げ出した。

「マスタリングって何をするのかいまいちよく分かってないけど、今日は判断つかないかも」

マフラーの奥から、くぐもった声がする。

この頃はまだ、マスタリングに立ち会わないアーティストもいた。

「こっちでやっておくから、帰っても大丈夫だよ。ミックスが終わった左右二つのトラックに音質調整をするだけだから。突然別な曲になったりはしないし」

「うん、ありがとう。ここまで来たし、最後まで見届けたら帰る」

全員が揃い、スタジオに入って小鐵さんに挨拶する。

「初めまして、RADWIMPSです。今日はよろしくお願いします」

洋次郎が言い、白いシャツに黒縁メガネの小鐵さんも立ち上がった。

「こちらこそ、よろしくお願いします。楽しみにしていますよ」

マスタリングは一曲ずつ、イコライジングされたものが二、三パターン作られて、どれが好きかを選ぶという段取りで進んだ。

あらかじめメンバーが決めた曲順に沿って、作業が行われた。

ロビーで待っていて、一曲目の準備ができたら小鐵さんから声がかかる。

スタジオに入ると前方にスピーカーがあり、その周りを各種の機材が囲み、太いケーブルがそこかしこに張り巡らされていた。

スピーカーのベストなリスニングポイントに小鐵さんが座り、目の前の机にはパソコン。横の機材には白、赤、緑、青と色分けされた各種のスイッチが並んでいる。小鐵さん用に特別に作られたイコライザーだ。

メンバーと僕は、その後ろにあるソファへ。

「はい、じゃあ、よろしくお願いします。まずフラット。何もしていない状態です」

曲が流れ始めた。

「次に、マスタリングしたもの、パターンAです」

小鐵さんが曲の途中でスイッチを押すと、音像がぐぐっと前に飛び出してきた。

「はい、次が、パターンBです」

またスイッチを切り替えると、前に飛び出してきた音像が、少しふわっと柔らかくなっていた。

「Bは、Aに加えて、ボーカルがよく聴こえるように、少し中低音を足してあげたものです。どっちが好きでしたか？」

慣れていない作業だ。戸惑いながらも洋次郎が三人に聞く。

「B？　Bが好きだった？」

三人もなんとなくうなずく。

「じゃあ、Bでお願いします！」

「はい、では次の曲が出来るまで、ロビーで待っててください」

またゾロゾロとロビーに戻る。

「フラフラして、AとBの違いがよく分かんねえ」

洋次郎は、ロビーのソファに倒れ込む。他の三人も、ボソボソ言っている。

「なんか微妙な違いだよね」

慣れないマスタリングで、戸惑うのも仕方ない。

「AもBも、どっちも素晴らしいから、直感で決めたらいいよ。小鐵さんって、神様と言われるエンジニアなんだし」

僕は、なぐさめにならないなぐさめを言う。

そんなことを繰り返しているうちに、どんどん洋次郎の具合が悪くなってくる。

かなりの暖房がきいているロビーで、ウールのコートにマフラーをしたまま、体を抱えるように腕を組んで震えている。

「あとはやっておくから、帰ったらどう？」

「もう少しで終わるっしょ。ありがとう、大丈夫」

片目だけを開けて答え、また目をつぶって休む。

他の三人があまり決めようとしないからということもあったのか、途中から聴いた瞬間に洋次郎が「Aでお願いします」「Bで！」と即決するようになる。

マスタリングというものを俯瞰から絵でも見るように、パッと摑んでしまったように見えた。

最後の曲まで決まったら、次は曲間を決める。曲が終わって次の曲が始まるまでの間を何秒にするか。一秒？　二秒？　三秒？

これもなかなか他の三人が決めないから、洋次郎が決めていく。

そしてやっと全工程が終了。小鐵さんに挨拶を済ませ、洋次郎に声をかける。

「あとは、工場へ送るマスターを作るだけだから、もう帰って大丈夫だよ」

「ありがとう、お願いします。みんな、お疲れ様でした」

壁に寄りかかるようにして洋次郎が帰っていった。

「じゃあ、俺も」

桑も一緒に帰った。

スタジオから小鐵さんが出てきて、残っていた僕と武田と智史に言う。

「このあと最終確認を兼ねて、アルバムを通して聴きながらマスターを作りますね」

「俺が残ってやっておくから、帰ってもいいよ」

僕は、武田と智史に言った。

「通して聴くなら俺も聴いていこうかな」

武田の言葉に、智史もうなずく。

「俺も完成を味わいたい。一緒に聴いていてもいいですか？」

「大歓迎ですよ。せっかく出来たのだし、みんなで聴きましょう」

小鐵さんがドアを開けてくれた。

武田と智史と僕の三人でスタジオに戻った。

「せっかくの通し聴きだから」

小鐵さんが照明を落とした。

「暗くすると音楽に集中して聴ける良さもあるけれど、不要な電力は落として全ての電力を録音機材に集中させる意味もあるんですよ」

武田と智史は目を剝くような顔をして、ソファで居住まいを正した。

「そこまでやるんですか。うちらの音楽にはもったいないくらいだ」

「それでは、始めます」

小鐵さんが、録音中を示す赤いランプを点灯させた。

雨の音で始まるあのアルバムを世界で最初に聴いたのは、武田と智史と僕と小鐵さんの四人だった。

うす暗いスタジオに洋次郎の声が、舞い降りるように流れてきた瞬間が忘れられない。

体がぞくっとした。

その時スタジオの壁には、観葉植物の葉の影が大きく映っていたことさえ覚えている。

初めてこの声を聴いてから、一年半が経っていた。

最後まで聴き終わって、三人で小さく拍手をした。

小鐵さんにお礼をして、スタジオを出た。

産業道路横の長い舗道、十二月。吹きっさらしの風が強かった。周囲は工場が多くて、色彩が少ない。

どんよりとした空は煙突の煙を吸い込み、コンビナートの向こうに沈もうとしている夕陽の前を、鳥が一羽横切っていった。

洋次郎は、無事帰っただろうか。

武田と智史は横浜方面なので、駅でお疲れ様でしたと三人で言い合い、手を振って別れた。痩せた二人の後ろ姿は、歴史に残る大傑作をものにしたバンドのメンバーには見えなかった。

11
「金9」と「俺色スカイ」

二枚目のアルバムタイトルは当初「RADWIMPS 2」だった。

しばらくして、「まだこの先に行ける。これは現時点の頂点ではない」と、サブタイトルの「〜発展途上〜」が追加された。

アルバムを完成させて、「いやあ、まだまだ発展途上です」なんて言うバンドがいただろうか。自信にみなぎった言い訳のような痛快さがあった。

「RADWIMPS 2〜発展途上〜」を二〇〇五年三月にリリースし、翌月の四月から一年間、Fm yokohamaで金曜二十一時から、二時間の生放送を担当することになった。

金曜午後九時からの番組だから、そのまま「金9（きんく）（RADWIMPSの金9！）」という番組名になった。

四人の無名の十九歳の若者に、二時間の生放送を託してくれるなんて前代未聞のことだ。アルバム「RADWIMPS 2〜発展途上〜」の完成度に、局が激しく反応した結果だった。素晴らしい作品は、次のアクションを引き寄せていく。

RADWIMPSはアリーナでライブをするようになっても、いつも気負わず自然体でいるので、「軽音の部室みたいにリラックスしてる」とよく言われる。

やはりそれは洋次郎のパーソナリティによる部分が大きい。それが少しずつ花開いていったものなのか、最初から持っていたものなのかは分からないが、そんな洋次郎のパーソナリティが、初めてメディアに登場したのはこの番組だった。

台本を無視して繰り広げられるゆるいトーク

放送前には番組のディレクターと、台本を読みながらの打ち合わせがある。

「今日は、五月十三日。カクテルの日なのね」

「そうなの？」

「台本にもそれを書いておいたからね。『今日はカクテルの日、みなさんお酒は好きですか？ 飲みながら聴いている人も、いるかもしれませんね』なんて、少し話をまわして一曲かけてから、今日の特集に進んでいこうかなと」

「はい、分かりましたー」

そんな軽い打ち合わせを経て、かける曲を決めたりトークの内容を詰めたりして、生放送本番を待つ。

その間に四人は、軽く腹ごしらえとしてハンバーガーを食べながらおしゃべりをしている。

「武田ってさ、彼女いないんだっけ?」

洋次郎が口をもぐもぐさせながら言う。

「そういえば、あまり聞かないよね」

智史が畳み掛ける。

武田が照れくさそうに言った。

「実は、最近出来たんだよね」

「えええええーーー!」

洋次郎、桑、智史が、絶叫する。洋次郎なんか、立ち上がっている。

「言えよ、そういう大事なことは。なんで言わないの。言ってこうよ。いやあ、おめでとう武田。おめでとう。びっくりしたあ」

「ありがとう、ありがとう」

武田もみんなも立ち上がり、また四人でいつものハイタッチをしている。

そんなリラックスしたムードで会話が続くのだから、これから生放送をやるとは思えない。

洋次郎が緊張してピリピリしていたら、他の三人も緊張するはずだ。RADWIMPSがアリーナでも気負わずに、部室のような雰囲気でライブをする理由は、洋次郎のパーソナリティによるものが大きいと書いたのは、こういうことだ。

二十一時が近づき、メンバー四人がブースに入ってヘッドフォンをする。

ブースの向こうからディレクターが声をかける。

「今日はカクテルの日です、とリラックスして話し始めていいからね。今日もよろしく！」

「はい、よろしくお願いします！」

五秒前から五、四、三、二とカウントされて、ブースのメンバーにキューが出る。

二十一時の時報が鳴ってマイクが切り替わった瞬間、洋次郎が叫ぶ。

「武田に彼女が出来ました！」

パチパチと拍手をするから、他の三人もつられて拍手をしている。

それを聞いたディレクターが、嬉しそうに大きな声を出す。

「打ち合わせと違うだろう！」

僕は、転がって笑っていた。

「いやあ、おめでとう。武田」

「う、うん。ああ、ありがとう」

台本を無視して、嬉しそうに洋次郎が畳み掛ける。

「おれたちも嬉しいよね、桑？」

「あ、そうだよね。嬉しいから、もっと早く言ってほしかったよね」

急に洋次郎から振られて、桑がしどろもどろで答える。

「あれでしょう？　智史は武田と同じ学校なのに、知らなかったんでしょう？」

洋次郎が、今度は智史に振る。

「そうなんだよね。ひと言欲しかったよね」

「そうそう、ひと言あるべきだったよね」

洋次郎は絵に描いたような、いたずらっ子の顔をしている。獲物をどうやって料理してやろうかと、活き活きしている。

「それでどんな彼女なの？　名前は？　どこに住んでるの？」

武田が困り果てて、つぶやく。

「ちょ、ちょっと待って……」

僕はスタジオで、ずっと手を叩いて笑っていた気がする。

こんな四人のゆるいトークが面白くて、番組は人気を博していった。

洋次郎が自分の周りで何かあるとすぐに言ってしまうのは、歌詞で全てをさらけ出すのと一緒だった。

RADWIMPSは、全てがドキュメンタリーだった。

他にも彼女が出来たとか振られたとか、台本を無視してそういう話もたくさんオンエアーされた。

毎週の放送終了後、朝まで話した時間に

その頃のメンバーやスタッフはみんな横浜方面在住で、僕と洋次郎だけが東京方面だった。放送終了後に来週の打ち合わせをしたら、終電ギリギリになる。

当初は、Fm yokohamaのある横浜ランドマークタワーのエスカレーターを駆け降りて、電車に飛び乗っていた。終電に間に合うように走るのは結構大変で、やがてタクシーで帰るようになっていった。

洋次郎が住む街に着くと、夜中の一時くらい。そこから二人で、毎週ご飯を食べに行っていた。仕事やプライベートのことなど、ありとあらゆる話をした。こんなに同じ人と、毎週定期的に話し込んだことは今まで一度もなかった。

僕はRADWIMPSが、世の中に大きな反響とともに受け入れられると確信していた。作詞・作曲・ボーカルの洋次郎は、その渦の中心にならざるを得ない。大きなバンドになって、様々なプレッシャーを一人で抱え込むことになるだろうと、そんなことまで心配していた。

ずいぶんと先の話だろうけれど、メンバーにもいつか家族ができる。それぞれの家族の生活も考えたら、もしRADWIMPSを解散したくなったとしても、そう簡単にはできなくなる。バンドは大きくなればなるほど、身動きが取りにくくなる場合もある。

「辞めたくなったら言えよ。嫌になったら辞めてもいいんだから」

僕がそう言うと、洋次郎は、きょとんとした顔で見返してきた。

「これからメジャーデビューして、一緒にやろうっていうのに、何言ってんの？」

あきれたように笑った。

ある夜には、こんなことも聞いてみた。

「アーティストもいろいろな人がいて、自分の好きな音楽をやるのが最優先で、自分を曲げてまで売れなくていいって言う人もいる。極端な人はどんなことをしてでも売れたいって言うし、モンスターのようになりたいって言う人もいるの。洋次郎はどっちのタイプ？」

洋次郎は少し考えてから言った。

「自分は曲げたくないけど、モンスターがいいな」

長い間話し込んで店を出ると、夜明け前のきれいな青い空が広がっていた。

僕らはそれをいつしか、「俺色スカイ」と呼ぶようになっていた。

12

野田家忘年会

「ＲＡＤＷＩＭＰＳ ２～発展途上～」が完成した頃のことだから、二〇〇四年の年末だ。その年の師走のある日、僕は野田家の忘年会に呼んでもらった。

毎年友人を呼んでやっている会に、今年からはＲＡＤＷＩＭＰＳのメンバーやスタッフも招待してくれるというのだ。

ご両親は仕事の関係でパリに住んでいたが、年末年始は帰国しているそうだ。やはり海外が長いから、ホームパーティーは当たり前なのだろうかと思った。

実家の忘年会に、メンバーやスタッフも呼ぶ。仕事とプライベートは別、なんてない。洋次郎が作る音楽そのものだと思った。全ては生活に、日々の事柄に直結していて、風通しが良くて裏表がない。やはりそういう環境が洋次郎を育み、あのように真っ直ぐな音楽が生まれるのだろう。

今まで仕事をしてきたアーティストはだいたい僕に、両親や大切な人を紹介してくれたが、それはその人たちがライブに来て楽屋を訪れた時であった。ホームパーティーに呼んでもらったのは、初めてだ。

家族同然に向き合おうとしてくれているのが、嬉しかった。

手ぶらで行くのもなんだしとワインを買いに行ったものの、パリに住んでいるご両親に持っていくワインなど分からず、知っている名のシャンパンを買った。

教わったとおりに駅から歩き、「野田」の表札がある横のベルを押すと、すぐに洋次郎が「いらっしゃい」と迎えてくれた。足元に大きな犬がじゃれついている。

玄関には、色とりどりのメンズのスニーカーが並んでいる。

「あれ、みんな早いね」

「メンバーにちょっと早めに来てもらって、テーブル出したり手伝ってもらっちゃった」

「俺も手伝ったのに」

「いいよ、いいよ」

廊下を歩きながら、リビングに向かう。

ソファに座っていたお父さんを紹介してくれた。

「今日はお招きいただいてありがとうございます。つまらないものですが」

僕は、シャンパンを手渡した。

「わざわざすみません、これからもよろしくお願いしますね」

お父さんは笑顔で握手してくれた。やはり握手だ、パリ帰りだものなあと思っていると、キッチンで準備をしていたお母さんも出ていらした。

「野田です、洋次郎がお世話になります。今日はゆっくりしていってください」

笑顔が優しくて素敵だった。

「ありがとうございます、こちらこそよろしくお願いします。お世話になるのはこちらの方なんです」

そう言って頭を下げた。

既にソファに座っているメンバーにも挨拶を済ませると、洋次郎が「あ、ナベさん、俺のアニキ」と、横に座っている洋次郎にそっくりな人を紹介してくれた。

「初めまして、林太郎です」

柔らかな笑顔を見せるお兄さんは、洋次郎に似た温かな雰囲気をまとっていた。

善木さんや他のスタッフもやってきて、同じように挨拶を済ませた。

「五年後どんなふうになっていたいの？」という質問

長いテーブルには、たくさんの手料理が豪華に並べられていた。

そこかしこに置かれたグラスは、シャンパン、ワイン、ビールと飲み物別になっていて、華やいだ輝きを見せていた。

「それじゃあ、始めましょうか」

みんながグラスを持ってきてくれた。

お母さんが飲み物を持っているのを確認して、お父さんが音頭をとる。

「みなさん、よく来てくれました。来年はＲＡＤＷＩＭＰＳの飛躍の年になるように、今日は楽しい時を過ごしていってください。それでは、乾杯！」

「乾杯！」

「いただきます！」

料理もお酒も美味しくて、みんなガンガン盛り上がっていく。

いい気分になりかけていたら、突然お父さんにこう聞かれて戸惑ってしまった。

「渡辺さんは、五年後どんなふうになっていたいの？」

「え！　五年後ですか？」

「そう。ひと言で言ってみて。僕は会社に入って以来、人事畑一筋だから、ついそういうの聞いてしまうんだ」

五年後の自分がどうなっていたいかなど、考えたことはなかった。

「ＲＡＤＷＩＭＰＳが売れて大きくなって、そこに一緒にいたいです。バンドが大きくなると、次々と思いもよらない風景が見られたりしますから」

もごもごしながら答えた。

お父さんは「ふーん」と言って、別な話題に移ってしまった。もっと明確に、端的に答えないとダメだったなと思ったが、もう遅い。

「こういう鋭い質問が日常的に来るところで洋次郎は育ったんだね、すごいな。五年後なんて考えたことないよ」

隣に座っていた武田と、小声で話した。

その後もお酒は進んで、僕は武田とゲームの話をしていた。

「こないだトランプのゲームを久々にやったら面白かったよ」

「ソリティア？　あれ、飽きなくていいよね」

「うん。最近はね、クロンダイク」

「クロンダイク！　面白いよね」

武田が少し大きな声で言った。

テーブルの向こうに座っていた洋次郎とお父さんが、その声でこちらを見た。

「クロンダイク？　面白いの？　どんなゲームか簡潔に言ってみて」

お父さんが言った。

洋次郎も、それに続いた。

「俺もそれ知らない。どんなゲームか五行くらいで言える？」

僕は武田と目を見合わせてしまった。

「五行くらい？　五行は難しいなあ。なんというか、数字と色を揃えていくゲームで……なあ、武田、面白いよなあ」

「う、うん」

二人で、もごもごしてしまった。

さっきの五年後の質問のように、「ふーん」と言ってお父さんも洋次郎も興味を失ってしまったのか、また話題がそれていった。

それはそうだ。野田親子に、罪はない。

聞いてはみたものの、僕の説明では何も分からなかったということなのだろう。

「数字と色を揃えていくゲームで、面白い」と言われたら、「これ以上、追うのはやめよう」となっても仕方がない。

頭のいい人たちなんだなと思った。物事を的確に捉えて、大切な部分を簡潔に提示する思考が、きっと日常的に行われているのだ。

RADWIMPSの歌詞で、すごいと思った部分と一緒だ。生きることや愛することの根源の部分を捉えて、それを簡潔に鮮やかな切り口で表現する。様々な角度からの視点が、それを何倍にも魅力的にしている。

環境が人を作るとは、このことだ。

地下スタジオで行われた夢のようなセッション

「そろそろやるか？　洋次郎、下の暖房つけてこいよ」

食事も一段落して、お父さんがそう言って、洋次郎が地下に降りていった。

地下にはスタジオがあって、ピアノやドラムまであると聞いていた。

「まずは、ピアノトリオだな。武田と智史、来いよ」

お父さんが二人を誘った。

武田と智史は、緊張した面持ちで階段を降りて行った。まるでギャングのボスが、子分二人を引き連れていくように見えた。いったい何が始まるのかと、僕も一緒に降りた。

半地下のようになっている部屋は、防音工事がなされている。分厚いドアを開けると、左手にピアノがある。家庭用の小さいアップライトではなく、セミ・コンサート・グランドピアノと呼ばれる、蓋が大きく斜めに開く本格的なものだった。その右手にドラムセットがある。そこに並ぶように、ギターやベースをつなぐアンプがあり、エレキギター、アコースティックギター、ベース、パーカッションなどの楽器が置いてある。マイクやマイクスタンドも、黒くうねるコードとともに置いてあった。敷いてあるカーペットの上には、無造作に別のマイクが一本転がっていたりした。

お父さんがピアノに座り、智史はドラムセットに座った。武田は壁に立てかけてあったベースを手に取って、アンプの前の椅子に座って慎重な顔でチューニングをしている。

ピアノトリオのスタンバイである。

僕は壁際にある丸椅子に、上から持ってきたグラスを手にして座った。

お父さんが智史を見ながら指を鳴らし、「チーチッキ、チーチッキ」と、テンポを提示する。そのフォービートに合わせて、智史がドラムを叩きだす。

智史のビートにちょっと腑に落ちない部分があるのか、お父さんは少し首を横に振って、武田にキーを伝えてピアノを弾きだした。武田もそれに合わせて、フォービートでついていく。

ピアノが上手でびっくりした。プロだったのだろうかと思った。

自宅のリビングでお酒や食事を楽しんだ後に、ピアノトリオの生演奏があるなんて、とにかく驚いた。

この日は、驚いてばかりだった。

アドリブだから曲は自然と盛り上がりを迎え、なだらかに落ち着いていって、良きタイミングで終わった。

僕は拍手した。

次の曲に行く時も、テンポとキーが提示されて、三人の演奏は続いた。

リビングにいた人が、少しずつ地下に降りてきた。

洋次郎がギターを持ったり、桑がパーカションを叩いたりして、演奏はどんどん熱を帯びてくる。

お父さんが「ちょっと休憩、洋次郎、交代」と、洋次郎がピアノの前に座る。

桑もギターをアンプにつなぎ、ＲＡＤＷＩＭＰＳのインストライブが始まった。

今でも時折ライブで、曲と曲の途中にジャムセッションのようなブロックがあるけれど、それを聴くとここでの演奏を思い出してしまう。

疲れたら上のリビングで休み、また誰かが降りてきてセッションが始まる。

もう二十四時はとっくに過ぎている。

「ナベさん、夜食あるわよ」

上に行くとお母さんが、大皿にたくさんのおにぎりとおかずを作ってくれていた。

「いただきます！」

ふっくらつやつやのご飯が、本当に美味しかった。

そしてまた、地下のセッションを聴きに戻る。

洋次郎は自分の家のスタジオだけに、ピアノ、ドラム、ギター、ベースと、そこにある楽器を全て演奏できた。さっきまでピアノを弾いていたのに、おにぎりを食べて戻ると、ドラムを叩いている。観ていてバリエーションが豊富で楽しい。

二十五時を過ぎてもセッションは続いていた。

「そろそろお開きだから、最後はRADWIMPSで締めて」

お父さんがそう言って、洋次郎がマイクを取った。

「じゃあ、来年出るセカンドアルバムの『愛し(かな)』の原曲となった曲をやろうか?」

メンバーに言って、僕たちみんなが「聴きたい!」と拍手した。

始まった曲は、言われなければ「愛し」とは分からないくらい別な良さを持った曲だった。演奏が終わって、大きな拍手。

「いい曲! これはこれで出せばいいのに!」

僕は思ったことをそのまま言った。

「ほとんど『愛し』の原型は留めていないけど、やっぱり聴けば分かるよ。今、お酒飲んでるから良く聴こえるんじゃない?」

洋次郎は笑った。

そのあと「ヒキコモリロリン」など数曲をやって、ライブは終了した。

家を失礼したのは、夜中の二時くらいだったろうか。

真っ暗な空の下、野田ファミリーが見送ってくれた。

楽しかった。とても楽しかったのだが、それよりもこんな世界があるのか？　という、驚きの方が強く心に残った。カルチャーショック。

夢のようなひとときだった。

ＲＡＤＷＩＭＰＳという家族、共同体として

こうして野田家の忘年会に、毎年メンバー・スタッフが参加するようになる。

僕は大人数で騒ぐのは苦手だったが、この会は楽しくて仕方がなかった。

洋次郎は中学生くらいの頃から、この地下スタジオでギターを抱えて歌っていたという。

少し時間は後ろに飛ぶが、「ＲＡＤＷＩＭＰＳ ４～おかずのごはん～」をリリースした年も、盛大に忘年会は行われた。

終盤にお母さんが「いいんですか？」の歌詞に出てくる「うちのおかんが作る鳥のアンかけ」を大皿に作って持ってきてくれた。

「ぬおおおお！」

そこにいた全員がどよめいて立ち上がった。

「これが、あの！」

お皿を持ったお母さんを、みんながケータイで写真に撮った。

「お母さん、こっち向いてください！」

「すみません、目線ください！」

お皿を持ったまま回転してくれて、芸能人のようだった。

撮影が終わり、みんなで一斉に箸をのばす。

「美味しい！　美味しいです！　ご飯おかわりできるよって、言いたくなるの分かる！」

僕はそう言いながら、結構な量をいただいた。本当に美味しかった。

野田家の忘年会は「ＲＡＤＷＩＭＰＳプロジェクト」にとって、とても大切なものを作ってくれた。ハブというか、キーステーションだ。メンバーとスタッフだけではなく、それぞれの家族までもが、みんな集まって仲良くなった。全員が、大きな家族のようになっていった。

ある時、洋次郎にこう言われたこともあった。

「アニキが結婚するから、ナベさんたちも来てよ。俺、お祝いに歌うんだ」

東芝ＥＭＩからは、僕とやまちに加えて、営業担当の西崎由美子（にしざきゆみこ）と三人も呼んでもらった。会場に着くと入り口のロビーで、お父さんがタキシードを着て、ピアノトリオの演奏でお客さんを迎えていた。

洋次郎はパーティーの最後に、この日のために作った歌をアコギで弾き語った。

担当アーティストのお兄さんの結婚式に呼んでもらうなんて、なかなかない経験だ。その頃はもう、家族ぐるみのお付き合いをしていて、お兄さんの奥様もよく知っていたし、当然のように出席していたけれど。これも、毎年の忘年会があってこそのことだ。

RADWIMPSという名のコミュニティ。

アーティストとスタッフが、ここまで親密な関係性を保っているのは珍しいと思う。

毎年の野田家の忘年会で、全員の距離が肩を寄せ合うようにして消えていった。

洋次郎の風通しの良さがどこから来るのか、この忘年会でよく分かった気がした。それは、RADWIMPSの音楽の清々しさにつながっている。何も隠していない剝き出しのさまが、人の心を打つのだ。

忘年会に集まる人たちはそれぞれが、プライベートでも遊びに行ったり食事をするようになっていった。

忘年会で会ったのに、年が明けて正月、暇だからご飯でも行こうかと、洋次郎と食事に行ったりもした。もちろん仕事の話はしない。友人として新年のご挨拶。

アーティストとスタッフだが、どこかで家族、共同体としてのチーム。RADWIMPSというバンドの、一つの大きな特徴だと僕は思っている。

この共同体の中で次々と決断が下され、僕たちはその後、膨大な量の仕事をこなしていくこととなる。

13 デビュー前夜

メジャーデビューを盛り上げるためにも、「ＲＡＤＷＩＭＰＳ ２～発展途上～」をしっかり届けなくてはいけない。

デビュー前の下地作りを、大切に考えていた。

まずは、お店のインディーズコーナーを任せられているような若いスタッフが、「ＲＡＤＷＩＭＰＳという、いいバンドがいます！」と店頭展開してくれることを目指していた。

店長はまだ、ＲＡＤＷＩＭＰＳのことは知らなくても大丈夫。

メジャーデビュー作品は、東芝ＥＭＩの営業チームが店長から受注することになる。その時に、「ウチの若いスタッフが騒いでいたバンドが、ついにメジャー行ったんだね。確かインディーズのアルバムは、結構売れたんだよね」と言われるのが理想だった。

これがもし、「ウチの若いスタッフが大きなスペース使って展開してたけど、あまり売れなかったんだよね」と言われたら、もう後が続かない。そのためにも応援してくれるお店のバイヤーは、戦争映画で攻防が繰り広げられる橋みたいに、なんとしても守り抜かないといけない。

全国の東芝EMIスタッフに、自発的にRADWIMPSを応援してくれる人がいたら、必ず教えてくれるように頼んでいた。そんな応援してくれるバイヤーがいる地域には、ツアーでも行きたい。時間に余裕があれば、メンバーにはお店まで挨拶に行ってほしい。その地区のラジオ局にもプロモーションをかける。

そうやって、その人が並べてくれたCDを売らないといけないのだ。

今でも多くのCDショップの人たちが、RADWIMPSを応援してくれている。全員に会えたわけではないけれど、共に戦った、仲間のような気持ちを勝手に抱いている。僕にRADWIMPSを教えてくれたのも、CDショップだったのだし。

タワーレコード高知店が、ものすごいプッシュをしていると情報が入ってきた。守るべき橋が現れたのだ。

善木さんが、すぐにツアーに高知を入れた。僕も高知地区のプロモーションを担当しているスタッフに連絡を取り、ラジオでのオンエアーを頼んだ。

高知店では、その後じわじわと売上が増えていった。発売から三ヶ月した頃には、「RADWIMPS2〜発展途上〜」はインディーズでありながらお店の売上一位を記録した。画期的な成果だった。この情報は、すぐにタワーレコード内で共有された。

「プッシュしたら一位になるほど売れるインディーバンドがいる」

こうして、他の店舗でも展開を拡げていくようになった。

2005年5月限定リリースのシングル「へっくしゅん/愛し」発売時の、アーティスト写真と呼ばれるもの。メンバーがとっても楽しそう。この写真を見て思い出したけれど、この頃はよく武田が腰に巻物をしていて、智史は毛糸の帽子をかぶっていた。

ツアーで行った、高知のライブハウス。まだ他の地区では、お客さんが五人、多くて二十人という時に、九十人もの人が来てくれた。

カモメに狙われたビデオ撮影

僕たちは追撃も兼ねて、「愛し」のビデオ制作を決めた。

スタッフ間でビデオディレクターは誰が良いだろうかと相談する。

そうして、島田大介（しまだだいすけ）の名前が出る。

長きにわたってRADWIMPSの映像を撮影し、メンバーやスタッフの良き友人にもなってくれた映像作家との最初の出会いだった。

RADWIMPSの音楽を聴いて、彼も快諾してくれた。

「愛し」のビデオは、演奏シーンを日中の野外で撮影して、太陽光に加えて強い照明を当てて、かなりパキッとした質感の映像を撮る。そこに別で撮影したザラッとしたモノクロ映像を混ぜる。そのような説明を受けた。

海辺の撮影現場に「黒澤 film studio」とシールが貼られた、大量の照明機材が運び込まれた。機材のセッティングが始まっている横で、メンバーも準備を始める。

この頃はまだ、メンバーの衣装は私服。何パターンかの服を持ってきてもらって、駐車場で車の上に服を並べて「どれがいいかな」とみんなで選び始める。実際着てみようと、車のかげで着替えながら。

洋次郎は黒いパーカーと、少しフォーマルなシャツの二パターンを持ってきていた。悩んだ結果、パーカーで行くことになった。

靴は、シャツに合わせて革靴を履いてきていた。

スニーカーまで持ってくるのは面倒だったようだ。

「パーカーに革靴は、変だな。ナベさん、俺と足の大きさ同じだよね。借りていい？」

「これでいいの？」

「うん、ちょうどいい」

ビデオでは、僕の黒いスニーカーを履いて映っている。

撮影合間の昼食時には、お弁当が配られた。みんな思い思いの場所で、蓋を開ける。

「うおおおーー！」

直後に洋次郎の絶叫が響いた。

びっくりして見ると、弁当を片手に立ち上がり、口を開けて空を見上げている。

カモメが急降下してきて弁当をつつき、また空に舞い戻っていった。

その後もカモメが次々と、おかずを狙って急降下してくる。

逃げ込むスペースもなかったので、みんなで洋次郎と同じ叫び声を出して逃げ回った。

「ちくわだ、ちくわ！　ちくわを狙ってる！」

「ちくわ、捨てろ！」

走り回りながら誰かの声がして、みんなでちくわを放り投げた。

満足にお弁当を食べられなかったので、スタッフがパンを買ってきてくれた。

「お弁当は危ないから、パンを食べてください」

カモメが頭に急降下して怪我したら大変だ。

しばらくして、また誰かの絶叫が響いた。

「うおおおーーー！　パンもダメだーー！」

他のメンバーも叫びながら、空を見上げてウロウロ動きながら食事をした。

昼食後に撮影を再開し、カモメがあまりにもパンを狙ってくるからそれを活かそうと、演奏シーンの後ろでスタッフがパンを投げ、カモメを呼び寄せて撮影した。クリエイティブとは、臨機応変である。

そんな出来事もあったが、ビデオは素晴らしい内容だった。

すぐに宣伝チームが動き、ＣＳ系音楽専門チャンネルを中心にオンエアーが始まった。音楽に感度の高い地上波テレビのスタッフからも、ビデオをオンエアーしたいとオファーが届くなど、映像に収められたＲＡＤＷＩＭＰＳは、また噂を拡げていった。

爆発的に拡大していくＲＡＤＷＩＭＰＳの噂

メジャーデビューを準備する打ち合わせは、定期的に行われていた。

善木さんが言う。

「学生なのでまとまった時間が取れないから、夏休みに集中してレコーディングするしかないと思うんです。三月に出たセカンドアルバムのツアーもあるでしょう。夏フェスにも出るとなると、次のアルバムを夏休み期間で完成させるのは、結構大変ですね」

「こぼれたものは、冬休みで仕上げないとですね」

僕も、大変で大切な一年になると覚悟していた。

夏休みにレコーディングを始め、そこで上がったものの中からデビューシングルを決めて、残りの曲を冬休みで完成させる。

そのスケジュールを考えると、十一月にデビューシングル、メジャーデビューアルバムは年明け発売と設定した。

「RADWIMPS 2～発展途上～」のツアーは、それを踏まえて善木さんが組み立てていた。

春から夏にかけて行われるから、「はるなっツアー」というタイトルになった。

ツアーは、五月までで一段落する。

「RADWIMPS 2～発展途上～」が急激なスピードで聴かれていくとともに、全国でいち早くRADWIMPSを見つけたファンが駆けつけていた。全国規模だとまだワンマンではなく、三、四十分ほどのステージだったが、噂の拡がり方には、凄まじい勢いがあると実感した。

五月十四日の代々木のライブは唯一の東京公演だったので、たくさんのメディアの人たちが集まった。

せっかく来てくれたのだからと、終演後にメンバーとマスコミの人を会わせようとしたら、ライブハウスから、人数が多すぎるので挨拶は隣の駐車場でお願いできないかと言われた。月明かりの薄暗い駐車場で、「よく顔が見えないけれど、この人は○○の●●さん」と僕は一人一人をメンバーに紹介していた。

このあと、曲作り期間と夏休みのアルバムレコーディングを経て、ツアーは再開した。初めて横浜CLUB24でワンマンをやった九月三日に、横浜BLITZでツアーファイナルを迎えることになった。キャパは、千七百人。そんな大きな会場でライブをするインディーバンドは当時、ほとんどいなかった。

RADWIMPSの噂は、爆発的に拡大していたのだ。

インディー最後のライブは、横浜BLITZワンマン。

そこで、十一月二十三日にメジャーデビューすることを発表する。

メジャーデビューが近づくに連れて、少しずつ大瀧さんと方向性の違いが表面化してきていた。ちょっとした食い違いを放置したままデビューすると、後でお互いが苦労することにもつながる。話し合いの結果、デビュー以降は大瀧さんと離れ、新たなマネージメント体制で臨むこととなった。

メンバーはここまで来て新たなスタッフを入れるのは抵抗があると、事務所を善木さんにやってもらいたいと言い、善木さんが事務所を立ち上げた。

事務所名はRADWIMPSの曲名から、有限会社ボクチンと決まった。

善木さんが社長、翌年2月からは塚ちゃん(塚原聡)がマネージャーとして加わり、新しい布陣で進むことになった。

14 デビュー曲ってバラードだったらやりにくいもんなの？

この頃、名古屋のラジオ局ZIP－FMからも、レギュラー番組の話が来た。

月曜から木曜までZIP－FMが押す新人アーティストがパーソナリティを担当する枠があり、そのプロデューサーである山口裕寛（やまぐちやすひろ）さんが「RADWIMPS 2～発展途上～」を聴いて、熱烈なオファーを送ってくれた。

リスナーとバンドのコミュニケーションを密にするため、月に二回名古屋のZIP－FMスタジオで、メールを読みながらの収録を行いたいというものだった。

レギュラーというのは、何があっても毎週必ずやってくる。

レコーディングやツアーに加えて学校まであるバンドには、かなりの負担となる。デビュー前の忙しいタイミングで月二回も名古屋に行くのは、正直無理だと僕は思っていた。次々とやるべきことが増えていき、Fm yokohamaの生放送が毎週あるのだけでも大変だった。その上ＺＩＰ－ＦＭまで始めたら、スケジュールをこなすのだけで精一杯になって、メンバーが疲弊してしまう。

僕は名古屋まで、山口プロデューサーに会いに行った。

お断りするにしても丁重に対応して、今後もＲＡＤＷＩＭＰＳを応援してもらいたかったし、あのアルバムを聴いて、レギュラー番組をやりたいとまで思ってくれた人と話してみたかった。

ＺＩＰ－ＦＭの会議室でお会いした山口さんは若く、銀縁のメガネがよく似合っていた。まだプロデューサーになったばかりだそうだ。

僕はオファーをくれたお礼とともに、ツアー、レコーディング、学校と過密なスケジュールであることを説明し、現状では難しいと伝えた。

彼はＲＡＤＷＩＭＰＳをいかに素晴らしいバンドだと思っているか、局をあげて応援できるくらいまで盛り上げていきたい、再考してほしいと言い続けた。

どう話しても平行線をたどり、話が決着しない。

仕方なく、持ち帰ってみんなと相談することにした。

そこまで言ってくれるならと、「レコーディングで忙しい時は、東京での収録を相談させてほしい」と条件を出して、レギュラー番組を受けることとなった。

山口プロデューサーが番組制作のディレクターとして指名したのが、岩須直紀（いわすなおき）さんで、山口さん、岩須さん、ＲＡＤＷＩＭＰＳの四人というチームで「HEAT PHONICS feat.RADWIMPS」という番組がスタートした。

名古屋に行くと遅くまで番組収録をやって、その日は泊まりとなる。収録終わりにみんなで食事に行って、その後は終夜営業のボウリングに行く習慣ができた。

レーンの上のディスプレイにはスコアが映り、そこには各プレイヤーの名前が表示されるシステムだった。受付で名前を言うと、スタッフが入力してくれる。

「岩須です」と言ったのがよく聞こえなかったのか、「イワス」のはずが「イエヤス」と入力されていた。それを見たRADWIMPSの四人が、お腹を抱えて床に転がり笑っている。

この日から彼はみんなに、イエヤスと呼ばれることになる。

洋次郎は、すぐにあだ名をつけたがった。

「『さん付け』で呼んでいると、いつまでも距離が縮まらない感じがするし、せっかく仲良くなれたとしても急に『さん』をとるのもなんだか気まずいし」

メジャーデビュー発表は結婚の挨拶みたいに

Fm yokohamaとZIP‐FMでのレギュラーを続けながら、デビューに向けてのレコーディングも行われていた。

その日も、Fm yokohamaの生放送があって東京に戻った午前一時、すっかり毎週の定例会となった二人の食事会で、洋次郎が僕に切り出した。

「デビュー曲って、バラードだったらやりにくいもんなの?」

デビューは始まりだし、元気のある曲が選ばれることが多い。そういう曲の方が、ラジオの朝昼晩どの時間帯でもオンエアーされやすい。バラードだと夜にしっとりと流されるパターンが多く、朝の「元気にいってらっしゃい！」という番組では流しにくかった。

僕は少しだけ考えたが、そんな定石は新しい良さを放っているＲＡＤＷＩＭＰＳには無意味だと思った。

「いや、そんなことないよ。デビュー曲はバラードを考えてるの？」

「デビュー曲はＲＡＤＷＩＭＰＳがどういうものなのか、コアが一番詰め込まれたものにしたくて。十年後も二十年後も歌える曲でありたいんだ。今ある曲では、それがバラードなんだよね」

「十年後も二十年後も胸をはって歌える曲なんだね。その曲でいこうよ」

ＲＡＤＷＩＭＰＳのプロジェクトでは、メンバーの意向や意志が最も大切にされている。プロジェクトがブレずにずっと続いてきたのは、この部分が揺るがなかったのが大きい。洋次郎の意志は、みんなの意志だった。

話はそこから、メジャーデビューを横浜ＢＬＩＴＺで、どのような形で発表するかに移っていった。

「東芝ＥＭＩの小林さんにステージに上がってもらって、宣言してもらったらどうかなと思って。ＲＡＤＷＩＭＰＳをお預かりしますって、結婚の挨拶みたいに。どうせだったら他のメンバーやスタッフにも内緒にして、ステージの内と外にサプライズをお届けしたい」

例によって、いたずらっ子の顔が満面に浮かんでいる。

小林さんとは、東芝ＥＭＩのＲＡＤＷＩＭＰＳが所属するセクションの責任者である。僕の上司が長井さん、長井さんの上司が小林さんだった。小林壮一（こばやしそういち）を略して、こばそうさんと呼ばれていた。

「ぐふふふふ。オモシロイ」

僕たちはにんまりして、夜更けまで作戦会議をした。

翌週の月曜日、僕は会社で小林さんをつかまえた。

「こばそうさん、ナイショの話なんですが……」

「え、挨拶？　ステージに上がって？　洋次郎が言ってるの？　またアイツ、そういうの好きなんだから。いやあ、しろって言われたらするけど、どんな感じがいいんだろう」

「レコード会社のエラい人が出てきたみたいな、真面目な堅い感じがいいと思うんですよね。そしたらあとは、洋次郎が勝手に面白くイジるはずですから」

「おお、わかった。何話そうかなあ」

「じゃあ、よろしくお願いしますね」

洋次郎に、「こばそう確保」とメールした。

デビュー曲のタイトルはみんなで決めたい

これから始まる進撃の、最初の一歩。

僕はＲＡＤＷＩＭＰＳが歴史を変えると信じ込んでいるわけだから、最初に観に来てくれた業界関係者にも、この時を目撃してくれた記念となるようなものを渡したいと思った。

デビュー曲の音源と資料を、関係者受付で配布する。いつもなら会社の封筒に入れて渡すのだが、それだと味気ないと思って、別な封筒を買いに行った。

ハンコ屋さんを探して、

「RADWIMPS

at YOKOHAMA BLITZ 2005.9.3」

と書いたスタンプをオーダーした。

スペルが間違っていないかと、何度も確認し、お店の人にも「大切なものなので、間違わないでください」としっかり念を押した。

それを、関係者に配る袋の表にスタンプした。細かい作業だから、誰かアルバイトの人に頼んでも良かったのだが、最初の一歩だからと全部自分でスタンプを押して、CDと資料を袋に詰めた。

こうやって歴史が変わるんだ、こういうところから一つ一つ積み重ねていくんだ、と資料を袋に詰めながら、またもや映画の主人公にでもなったような気持ちでいた。

メジャーデビュー曲をバラードでいくと決めて、準備のためにいち早くタイトルを決める必要があった。

洋次郎は、いつもギリギリまでタイトルを決めない。

曲の制作が全て終わって、一番最後にする作業がタイトルを決めること。それを決めてしまったら、もう曲に対して自分がしてあげられることは何もなくなってしまう。タイトルを決めるまでは自分が産んだ曲、自分の子供のような気持ちがするけれど、タイトルをスタッフに伝えた瞬間、曲は自分の手を

横浜BLITZの、関係者に配った袋。このスタンプは、まだ取ってある。誰かのおでこなどに押してみたい。

離れて、聴いてくれる人のもとへと向かっていく気がするらしい。

そこには嬉しさとともに少しの寂しさもあって、ギリギリまで考え続けてしまうのだという。

この時も、なかなか決まらなかった。

「デビュー曲だから、みんなで話して決めたい」

洋次郎に声をかけられ、メンバーや僕はファミレスに集まった。

「曲の最後の、いつか子供ができたら染色体にのせたいものもあるというイメージをタイトルにしたいんだけど、何かいいのないかな?」

いつか生まれる二人の命　その時がきたら
どうか君にそっくりなベイビーであって欲しい
無理承知で100%君の遺伝子　伝わりますように
俺にはこれっぽっちも似ていませんように
寝る前に毎晩　手を合わせるんだ
そんなこと言うと　いつも君は僕に似てほしいなんて言うの
そんなのは絶対いやだよ　強いて言うなら
俺のこのハッピー運とラッキー運だけは一つずつ
染色体にのせてあげてほしいな

歌詞のプリントをみんなで睨(にら)んでいるうちに時が過ぎていく。

智史が口を開いた。

「ハッピー運とラッキー運」

「ちょっとカワイすぎかなあ」

「100％君の遺伝子」

「そういうのとも違うしなあ」

腕を組んだりドリンクバーを往復したり、みんなで長い間考えていたけれど決まらない。

結局、「歌詞を書いた洋次郎に一任する」ということになった。

歌詞に関して洋次郎が並外れた集中力を発揮し、長い長い思索の末に言葉を紡ぐのを、そこにいた全員が痛いほど分かっていた。みんなで決めようとした彼の気持ちは嬉しかったが、洋次郎が歩んできた長い思索の旅を超えられるとは思えなかった。

しばらくして洋次郎から、「25コ目の染色体」とタイトルが伝えられた。

他のメンバーも僕も、最初は意味がよく分からなかった。

「人の染色体は、四十六本。両親から、二十三本ずつもらう。二十三にハッピー運とラッキー運の染色体を加えるから、『25コ目の染色体』」

「すげーー！」

「いいタイトル！」

「本当？　これでいいのかな？」

「いい！　デビュー曲は、『25コ目の染色体』！」

全員が立ち上がりハイタッチしていた。四人は、箸が転がっても輝いているようだった。

15 横浜BLITZ

この年のツアーファイナルの九月三日。

横浜BLITZはソールドアウトこそしなかったけれど、来場者は千人を超えた。

東芝EMIのみんなで「RADWIMPS 2～発展途上～」のプロモーションを続けてきたので、噂の新人を確かめようと多数の業界関係者が押しかけ、二階席に入りきらずに立ち見となっていた。

僕は予定より早く、昼頃には会場に入っていた。

すぐにメンバーもやってきた。会場やステージを見て、みんなが上気した顔をしていた。

楽屋エリアに戻ると、後ろから洋次郎の「マジで！」という声が聞こえた。出演者は、楽屋の廊下の壁にサインしてもいいと言われたそうだ。僕はサインしているメンバーを、ケータイで写真に収めた。

記念すべきインディー最後のライブ。

映像に残しておこうと、ビデオチームを準備していた。廊下を黒いTシャツにカメラを担いだスタッフが、ひっきりなしに行き来していた。映像収録は、それなりに予算もかかる。けれども、

ＲＡＤＷＩＭＰＳのインディー最後のライブを記録しないという選択肢はなかった。いつか発表するかもしれないが、しないかもしれない。発表しないとしても、歴史に残るバンドに関わったスタッフとして、記録を残して未来にバトンを渡す責任があると感じていた。

歴史にリアルタイムでさわっているという実感や信念のようなものがあったのだ。

ライブは第一部と第二部に分かれていて、その間の「〜お色直し〜『25コ目の染色体』の歌詞〜」の部分で、メンバーは着替えに戻る。

「25コ目の染色体」の歌詞が、ステージに降ろされた緞帳（どんちょう）に緑のレーザーで照射される。

お色直し、後からサプライズで出てくるこばそうさんの挨拶と、洋次郎はライブ全体を「メジャーレーベルとの結婚式」のようにしようとしていた。

レーザーの文字照射が始まり、お客さんの席からきれいに見られているかなと確認したくて、一階の客席中央に向かって歩いていった。

「ナベさん？」

声がして振り向いたら、洋次郎のお父さんだった。

「あの歌詞、洋次郎が書いたんだよね？」

「はい、すごい歌詞ですよね」

それだけの会話だったが、もし自分の子供があんな歌詞を書いたら、親はどう感じるのだろうと思った。

そこには、これから日本中を席巻するはずの化け物のような何かが宿っているのだ。

結婚式のようなメジャーデビュー発表

第二部がスタートした。

「歌詞がまだ出来てないけれど、この日のために曲を作ってきた！　未完成のままやります！」

九月三日の歌、「セプテンバーさん」が演奏された。

夏休みのレコーディングで、デビューアルバムのために準備された曲だ。歌詞が出来ていないのに発表してしまうのが、洋次郎らしい。

僕は出番が近づいたこばそうさんを楽屋まで迎えに行き、ステージ袖に二人で待機した。

少し緊張気味のこばそうさんに、マイクが渡される。

洋次郎は、僕たちがスタンバイしているのをちらっと確認して話し出した。

「今日は大切なお知らせがあります。ＲＡＤＷＩＭＰＳは十一月に、東芝ＥＭＩからメジャーデビューします！」

客席からのどよめきと拍手、「おめでとう！」の歓声が上がる。

「なんと今日は、僕らを迎えてくれる東芝ＥＭＩのとってもエラい人、小林壮一さんに来てもらっています！　小林さん、どうぞ！」

こばそうさんが、ステージ袖から一歩出た。

強烈なスポットライトが当たる。

僕はステージ袖から、こばそうさんのピンと伸びた背筋と、それを不思議そうな顔で見つめているメンバーを眺めていた。

洋次郎だけが、嬉しそうな顔をしてこちらを見ている。

その向こうには、数多くのお客さんの顔があった。

僕は洋次郎の横までこばそうさんが歩いていき、アドリブ漫才のようなトークが始まるものだと思っていた。きっと洋次郎もそのつもりだったのだろう。ギターを斜め下にして、手招きしている。

「小林さん、こちらへどうぞ」

「いや、とんでもない」

ところがこばそうさんは、それを辞退してしまった。

ステージ袖から一歩出たまま動かず、ライトの中でマイクを持って突然話し始めた。

簡単な自己紹介をし、RADWIMPSを責任を持って預かります。必ず大きなバンドにしてみせます。そのために全力を尽くします。本当に素晴らしいバンドで……と、話し始めた。

新郎の父親挨拶のように堅くて、それも結婚式みたいだった。

洋次郎は苦笑いしながら、聞いている。

「ありがとうございます、すみません、ちょっと話が長いです」

洋次郎が挨拶を打ち切ってしまい、観客の大爆笑とともに、こばそうさんもずっこけながら笑って、最後にひょいと頭を下げてステージから下がってきた。

その後アンコールの一番最後に、デビュー曲「25コ目の染色体」が披露された。

「東芝EMIのとってもエラい人」である、ちょっと緊張気味の小林壮一氏と、してやったり顔の野田洋次郎氏。その突然の登場に戸惑う、武田祐介氏。ギターとドラムの人は驚いて隠れちゃったんですかね。横浜BLITZでのメジャーデビュー宣言。

あんなものを観せてすみませーん！

横浜ＢＬＩＴＺは、メンバーの熱演もあり大成功に終わった。

いつものライブハウス公演では、終演後にメンバーが客席に出てきて、グッズを売ったり一緒に写真を撮ってサインしたりしていた。お客さんが喜んでくれるなら、と最後の一人にまでそうしていた。

横浜ＢＬＩＴＺでも洋次郎は、同じようにしたいと強く主張した。

スタッフサイドとしては、千人の観客の中でメンバーがサインをしていたら、何時間かかるか分からないと危惧していた。会場には撤収時間があるし、お客さんにも終電がある。

デビューを発表したわけだし、多くの業界関係者にも挨拶くらいはしておきたい。

横浜ＢＬＩＴＺを区切りに、メンバーが直接、観客全員と触れ合うのは最後にしたかった。

洋次郎と話し合い、ライブが終わってお客さんが会場を出たら、すぐにロビーで業界関係者に挨拶、その後会場の外に出て、時間の許す範囲でサインと写真撮影をする、と決まった。

終演後は関係者にロビーに集まってもらい、立食パーティーのようにドリンクを配った。

ライブスタッフが、ロビーで挨拶をするならマイクを使えるようにしようかと言ってくれた。

それも大変だし、こっちの方が工事現場のようで面白いからと、僕はメガホンを貸してもらった。

関係者の前に出て、メガホンで話し始めた。

「今日は横浜までありがとうございました。早速ＲＡＤＷＩＭＰＳのメンバーを呼び込みたいと思います。気が向いたら拍手してやってください！」

洋次郎が先頭になって出てきた。ワイドなミリタリーパンツを引きずるようにして、裸足にサンダルを履いていた。僕の横に来て、いきなり正座した。

他の三人もつられるように正座する。

「あんなものを観せてすみませーん！」

洋次郎は正座のまま、頭をペこりと下げた。他のメンバーもあわてて頭を下げる。

関係者は大爆笑している。拍手まで起きた。

「そしたらせめて、洋次郎から乾杯の挨拶を。初めてだからやり方分からないよね。ドリンクを持ってそれではみなさん！と言って、次に『かんぱーい！』と大きな声で言うと、みんな飲み物飲んで拍手してくれるから」

そんなこともメガホンを通して会場に聞こえるように言ったから、関係者は笑っている。

洋次郎が立ち上がり、ドリンクを受け取った。

「そんなもんなの？ 今日はありがとうございました。次はちゃんとやるので、また観に来てください。それでは、かんぱーい！」

大きな拍手がロビーに響き渡る。その中を中腰になってペコペコと右に左に頭を下げながら、メンバーは退場していった。

僕は関係者の渦に残り、バンドへの賛辞をたくさん受け取った。

今日ここに集まってくれたお店やメディアの人たちは、きっとメジャーデビューする時に、熱烈なプッシュをしてくれるはずだ。

この人たちと、やるんだ。この人たちと愛情のある場を作って、そこからRADWIMPSを届けるんだ。一人一人にお礼を言いながらそう思っていた。

洋次郎が言った「あんなものを観せてすみませーん！」は、僕が初めてメンバーに会ったCLUB24で聞いたのと同じ言葉だった。

新しい時間が動き出していた。僕たちは、歴史が変わるその真ん中にいた。

インディー最後の横浜BLITZ。業界関係者挨拶風景。メンバーを呼び込んだらいきなり正座するからびっくりした。このあと智史が正座して、仕方なく桑も。笑点みたいですね。

16

着々と

着々と準備は進んでいた。

横浜BLITZが終わり、本格的にデビューアルバムの仕上げとなる制作が始まった。

東芝EMIは当時、若いバンド育成のために江戸川橋の「light studio」と契約していた。自分で電話してバンド名を言えば、スタジオを無料でおさえてリハーサルができた。その経費を、会社が出していた。

このスタジオはもうなくなってしまったのだが、東芝EMIと契約したロックバンドの多くがここを使っていたので、ロビーでみんなが自然と仲良くなっていき、先輩と後輩が集う学校のような役割も果たしていた。

RADWIMPSは、時間があればだいたいこのスタジオに四人で詰めていた。

スタジオをおさえるのは、桑の役目だった。洋次郎が作詞・作曲・ボーカルと、バンドの根幹を担っていたが、当時はジャンケンをして、リーダーは桑だということになっていた。

「来月のスタジオスケジュール、どうしようか。先着順だから、ゆっくりしてると他のバンドに取られちゃう」

「俺は今月と同じで大丈夫だけど、智史と武田はどう?」

洋次郎が言い、二人は相談を始める。

「うちらも今月と同じで大丈夫。桑、頼むね」

「うん、いつもの十三時~二十二時で頼んでみる」

こうやってスタジオをおさえるが、二十二時に終わらない日が多い。二十四時を超えた場合は、何時頃まで使うのか、受付に連絡しなければいけなかった。

曜日によって受付スタッフも変わるのだが、その中に肌の白い少し怖い雰囲気の女性がいた。ロックな、そういうメイクをしていたのかもしれない。

「あの人、マリリン・マンソンに似てない?」

智史が言い、他の三人が吹き出した。

「お前、聞かれたら大変だぞ」

と言いながら、彼女のあだ名は「マンソン」になった。

ある夜、桑が言う。

「そろそろ二十四時だから、受付に言ってこないと」

「誰が行くか、ジャンケンする?」

洋次郎が言って、ジャンケンに負けた武田が伝えてくることになった。

帰ってきた武田が、防音ドアを閉めた瞬間に叫ぶ。

「受付、マンソンだった！　昼は違う人だったのに、交替しててびっくりしたー！　受付行ったら『うっ』てなっちゃった！」

他の三人は、転げまわって笑っていた。

スタジオが終わって、よく四人で近くの松屋に行っていた。僕は行かずに帰っていたので、ある時、桑に聞いてみた。

「松屋でしょっちゅう牛丼食べて、飽きない？」

「牛丼は、あまり食べてないよ。だいたいライスだけ。ライスだけでも、味噌汁ついてくるから、それで大丈夫で」

「若いなあ」

「こないだ智史が、味噌汁を豚汁に変える『豚汁変更券』をもらったって、スタジオでずっと自慢していて、正直うざいくらいで。その日もスタジオ終わってまた四人で行ったんだけど、智史が得意げにライス頼んで変更券出したら、『豚汁は牛丼を頼んでもらわないとダメです』ってお店の人に言われて、椅子から転げ落ちるほど笑った」

この頃の四人はしょっちゅう、「お腹いたい、無理」と床を転げ回って笑っていた。

僕はマンソンや豚汁変更券の話よりも、そこまで笑うかと四人を見ている方が面白かった。

カップリング曲の立ち位置

桑がおさえたスタジオに集まり四人で音を出し、洋次郎が持ち込んできた楽曲を形にする作業に没頭していたが、延々と作業をしたり話し込んだりする合間に、休憩を兼ねて四人の担当楽器を替えて遊ぶ時もあった。

アマチュア時代、アルバイトしたお金の中からスタジオ代を出していたら、そういう余裕もなかっただろうから、良い環境だったのかもしれない。

楽器交替で遊ぶ時、智史はドラムしかできないからボーカルになった。

その時にふざけて、「今日は僕たちのライブに来てくれてありがとう。こんばんは、味噌汁's です」と突然言ったのも、この「light studio」であった。

夏休みのレコーディングで、デビューアルバムはその骨格を現そうとしていて、デビューシングル「25コ目の染色体」は既に完成していた。

この曲の後半に出てくるラップ部分には、当初ギターソロが入るはずだった。

オケ部分のレコーディングは終わったので、洋次郎が歌入れをした時、メンバーはスタジオにいなかった。

「歌っているうちにもっと先に行きたくなって、その場で歌詞を追加してしまった。桑が驚くだろうなと思ったんだけど」

「上がってきた音を聴いたら、びっくりしたけど、ギターソロいらなくなったんだなって思って、一つプレッシャー減った感じがした」

そんな洋次郎と桑の会話を、後で聞いた。

次に、シングルのカップリング曲の制作が始まった。

全ての曲作りにおいて最善を尽くす洋次郎は、「カップリング曲の立ち位置が、よく分からない」と言っていた。

アルバムの中から一曲をピックアップして、広く知らしめるのがシングル。一曲だけだと物足りないしリスナーにも割高になってしまうから、カップリング曲が作られる。カップリング曲はアルバムには収録されず、シングル盤にのみ存在するケースがほとんどだ。

「アルバムが完成形だとすると、カップリング曲はアルバムに入らないから、あまり良くない曲を作るってこと？　いい曲が出来てアルバムに入れたくなったら、カップリングにはならなくなっちゃうでしょ？　矛盾があるよね」

まさに、そのとおり。そう言われて言葉に詰まった。

慣例のようにやろうとしていたことだった。ＲＡＤＷＩＭＰＳには慣例や定石を当てはめないと考えていたはずだったのに。

今のバンドを表現するシングル曲に対して、カップリング曲は次のバンド像を模索する実験工房のような立ち位置でいいのではないか。だからこそアルバムには入らない。実験の成果として別な曲が生まれ、それがまた次のシングルになっていくような循環はどうだろう。精一杯考えて、僕はそう言った。

洋次郎の顔は、腑に落ちたようには見えなかった。

「実験だったらそれは実験のままで良くて、発表する必要があるのかな。お金を取って、お客さんに届ける必要があるのかな」

それもそのとおりだ。また言葉に詰まったが、洋次郎はそれ以上追求しなかった。

「いい曲だけれど、トーンが違うから今回のアルバムには入らない曲。そういうので考えてみる」

その後も多くのカップリング曲が作られたが、独自の立ち位置を持った曲ばかりだった。

カップリング曲として作られたが「いい曲だからアルバムに入れたい」と、急遽新たに別の曲を作ったり、「アルバムに入れれば良かった」と後悔した曲もあった。

どちらにしても、完成度が高いゆえの悩みだった。

「25コ目の染色体」のカップリング曲としては、「アンチクローン」が作られた。

バラードと対をなす、アップテンポでギターリフがカッコいい曲で、それぞれがもう一曲を引き立てていた。

なるべく先入観を与えないジャケットに

収録曲も決まり、デビューシングルのジャケット制作に移る。

デザイナーは、「双葉七十四」という会社を設立したばかりの、佐々木千代（ささきちよ）に決まった。

新しいバンドには、新しいデザイナーを。お互いがそれぞれ大きく育っていこう。そんな思いだった。

僕たちは何度もRADWIMPSがデビューするにあたっての方向性、大切にしたいと思っていることを話し合っていった。

大事にしていたのは、聴く人に余計な情報を入れないということ。リスナーの中でイメージを自由に膨らませてほしい。どんな人が歌っているのか、そういう情報は後からついてくる。

まずは、曲だけを届けたい。

そこから発想すると、ジャケットにメンバーの写真は不要だった。

曲のタイトルを決める時の話もした。タイトルの意味、染色体に込められた思い。

同時にアーティスト写真といわれる、宣伝用に使うメンバーの写真についても話し合った。僕は、メンバーが写真を撮られ慣れていないので、ぎこちない写真にならないかと心配していた。革ジャンを着て腕を組んでいるような、よくあるロックバンドの写真にはしたくなかった。佐々木にも、それをしつこく相談していた。

「不自然な感じを避けるには、スタジオで撮らないでロケで撮るか、ハウススタジオだったらいいかもですね」

「ハウススタジオなら、リラックスできそうだね」

「手持ちぶさたになると不安げな顔になっちゃうから、何かモノをたくさん置いて、それを持って遊んだりしているところを撮れば、自然な表情になりますよ」

「やはり音楽やってる人たちだから、楽器とか置いて」

後日東芝ＥＭＩに佐々木とメンバーが集まり、ジャケットやアーティスト写真についての打ち合わせを行った。

佐々木が、ラフスケッチを見せながらジャケットのデザイン案を説明する。

男女二人が正面を向いて、標本のように立っている。

「男の子が女の子にハッピー運とラッキー運の染色体を渡したいって歌なので、男の子がヘッドフォンしていて、男の子と女の子が臍（へそ）の緒でつながっているのはどうかなと」

洋次郎がすぐに反応した。

「いいね、それ！」

他のメンバーも口々に「いいね」と言う。

「良かったです！　ただ、臍の緒をどうしようかなと思っていて。本物と似たものを作ってもグロテスクだし、何か別なものがいいなと思っていて」

「確かに本物はちょっと」

洋次郎もうなずく。

「代わりになるもの、何かないかな」

他の三人も、宙を見上げて考えている。

「臍の緒って、中を栄養分が通るんでしょ？　ホースみたいな感じ？」

「じゃあ、ホース」

「ホースは、ちょっと……」

みんなの会話を聞いていて、僕はふっと思いついた。

「ヘッドフォンしてるんだったら、ヘッドフォンのコードは？　音楽が養分となって、コードの臍の緒を通って女の子に届く」

「あ！　それいい！」

ほぼ同時に、みんなが拍手している。

「コードをお臍に付けるの痛そうだけど、美術スタッフに相談してみます」

佐々木も笑い、ジャケットが決まった。

「さて、次にアーティスト写真、略してアー写といわれる、宣伝用のメンバーの写真の話をしよう」

僕がメンバーに説明して、佐々木が話し始める。

「スタッフで打ち合わせした時に、なるべく自然な感じでということだったので、カメラマンと相談してハウススタジオで撮りたいと思ってます」

「ハウススタジオ？」

洋次郎が首をかしげる。

「ハウススタジオっていうのは、自然光が入る普通の家を撮影用のスタジオにした場所で、少しオシャレだったりして、居心地はいいんですよ」

「ふーん」

「福生にいい感じのスタジオがあって、ここで撮れたらなと思ってます」

と、カタログを出す。

覗き込むと、ソファが置いてある部屋、洒落たキッチン、二階のフローリングの部屋などの写真が載っている。どの部屋も自然な柔らかい光で満ちている。

「いい感じだね」

「気持ちいいですよ。ここに楽器や最近遊んでいるオモチャやゲームなんかを持ってきてもらって、リラックスして楽しく撮りましょう」

「なるほど、楽器とかあった方が、撮られやすいよね」

「そうそう、カメラマンは、セクシーという人に撮ってもらいます」

「セクシー?」

全員が驚いていた。

「そうなんです。ホントに名前がセクシーっていうんです。紹介したら、『初めまして、セクシーです』って言いますから」

「なんでセクシーなの?」

「師匠にセクシーってあだ名をつけられて、それが定着しちゃったみたいで」

撮影当日、福生までみんなでロケバスで行き、そこで待っていたカメラマンは本当に「初めまして、セクシーです」と言った。

セクシーこと、羽田誠(はだまこと)。

セルロイドフレームの眼鏡をかけた優しげな笑顔で、メンバーが緊張しそうになると自然に話しかけて柔らかな表情を引き出し、いつの間にかシャッターを押している。

洋次郎はわりと平気だったけれど、他の三人はカメラを向けられると顔がつい強張ったりする。しかし、セクシーが撮ると平気だった。

メジャーデビューアルバム「RADWIMPS 3～無人島に持っていき忘れた一枚～」のブックレットに、その時の写真が使われている。

こうしてセクシーは、「RADWIMPS 4～おかずのごはん～」まで、佐々木とのコンビでRADWIMPSの全てのオフィシャル写真を撮影することになる。

ジャケット、アーティスト写真が決まり、次は「25コ目の染色体」のビデオ撮影に向かう。

これも前作の「愛し」同様、島田大介に監督を頼んだ。

打ち合わせで、「愛し」は自前の洋服でやったけれど、メジャーデビュー曲だから、スタイリストくらい入れようかという話になった。

洋次郎はできたら自分の服で出て、何か足りないものがあれば、スタイリストに足してもらうくらいにしたいという。直感で、急にスタイリストを入れたら「着せられてる感じ」が出てしまうと思ったのだろう。

他の三人は、あまり洋服を持っていないし用意してもらいたいとなった。

そうして、現在も一緒に仕事をしているスタイリストの一人として、藤本大輔(ふじもとだいすけ)がやってくる。

RADWIMPS史上、「最もしゃべるスタイリスト」として不動の地位を築き上げている男で、とにかくずっとしゃべっている。

監督の島田大介が同じダイスケでもほとんどしゃべらないので、撮影現場には、藤本の声だけが響き渡って、本当にうるさい、いや面白い。

メンバーもケタケタと笑いながら着替えている。

福生のハウススタジオで撮った、アーティスト写真。洋次郎が持っている木の実のようなものは、アサラトという楽器で、僕の私物。「トレモロ」のレコーディングでも使われている。「トレモロ」は、このアサラトのおかげで出来た曲だと思うことにしているが、違ったらくやしいから本当のところは聞いてない。

ビデオで武田が着ることになった服が、ハイブランドのものだった。

「傷つけんなよ、どこかひっかけんなよ。肌をひっかけて血が出てもツバつけとけば治るけど、服はツバつけてもダメだからな。買い取るしかないからな」

藤本がそう言って、みんなで笑った。

ビデオは、倉庫の中で撮影された。

倉庫の下のフロアが、戦争映画のセットのようになっていて、迷路のように曲がりくねった道があり、壁や窓に銃弾の痕（あと）がある。

「あれも撮影用のセットなの？」

僕が島田大介に聞くと、武田が教えてくれた。

「サバイバルゲームをやるところだよ。知ってる？　サバゲー。エアガンでやる、戦争ごっこみたいな」

「ああ、サバゲーか。あんな本格的な場所でやるんだ。なんでそんなこと知ってんの？」

「俺、やるもん。面白いよ。ゴーグルとかして」

「いいなあ、やってみたいなあ」

「今度、やろうよ！」

この頃にはメンバーと僕は、年齢差を超えてほとんど友達のようになっていた。

ビデオも撮り終え、アルバムに収録される曲の全貌がほぼ出揃い、メンバーとスタッフで打ち合わせをした。十一月にバラードのデビューシングルをリリースするから、二月のアルバムの前にはもう一枚、ハードな曲でシングルを切ろうとしていた。

「イーディーピー ～飛んで火に入る夏の君～」を選んだ。

「イーディーピー」の言葉には、特に意味はないらしい。

この曲は自爆テロにショックを受けて書き下ろされた曲で、政治的なメッセージも含まれていた。当初は別のタイトルが付けられていたが、それでは過激すぎて発売もできそうになく、もしできたとしても、メディアでは紹介できないと見送られることになってしまった。本来のタイトルが付けられないのであればと、この意味のないタイトルになった。

「25コ目の染色体」、「イーディーピー ～飛んで火に入る夏の君～」。

二枚のシングルが決まり、いよいよメジャーデビューアルバムが姿を現わそうとしていた。

17

デビューアルバム完成

二〇〇六年二月にリリースされるメジャーデビューアルバムのレコーディングは、「light Studio」から場所を変え、東芝ＥＭＩのスタジオ「Studio TERRA」で行われていた。

「light Studio」で練り上げたものを「Studio TERRA」できれいに録り直すはずが、洋次郎からは次々とアイディアや試したいことが湧き出てくる。

歌詞も延々とブラッシュアップを続けているうちに、少しずつ予定がずれ込み、締め切りに間に合うのか危うくなっていった。発売日を二月十五日と決めたので、工場にマスターを送る締め切りがあったのだ。

それに加えて桑以外は学生だったから、授業もあれば期末試験もある。Fm yokohamaとＺＩＰ－ＦＭのレギュラーも、メジャーデビュー後の二〇〇六年三月までの約束だった。メンバーはそれぞれかなり忙しい日々を送っていた。

レコーディングも全てが順調というわけではなく、やりたいことはたくさんあるのに時間がなく、苛立ちが募る場面もあった。もうとっくに終わっているはずのことが、出来ていない状態だった。

その日は桑がギターのダビングをしていたが、思ったように弾けず、ミスが続いた。

他の三人は、それが終わるのを待っているしかなかった。それが終わらないと次に進めない。それでも、何回やってもうまく弾けなかった。

時計をチラッと見て、洋次郎が言った。

「ずいぶん時間経ってるけど、そのパターンが、難しすぎるんじゃない？　そこは、もっと弾きやすいフレーズにしたら？」

そう言われて、桑が固まってしまった。

アルバムの制作過程において、洋次郎の最大のストレスはこのあたりにあったのではと思う。

曲のアレンジをしているスタジオでも、洋次郎が「何か他のパターンある？　もう少し歌に寄り添った感じで」と言うと、他の三人はすぐに対応できずに固まってしまっていた。

「次までに考えてくる」

そう言うメンバーの気持ちを尊重して、洋次郎は一週間ほど待たなければならない。

それがギターであれば、一週間後に考えてきた新たなパターンを、桑がおずおずと弾く。

「違うよそれ、ちゃんと考えてるの？　一週間も経ったのに。他のある？」

かろうじて別のパターンを弾き、「違う、そういうのじゃない」と言われながら、何十分も経ってしまう。

そう繰り返しているうちに、桑が耐えきれずに泣き出してしまう。

それを見て、智史や武田も泣き出してしまうこともあった。

洋次郎はそれを困った顔で見ていたが、家に帰って「俺、何してんだろう」と泣いてしまうそうだ。

「それで泣いたまま彼女に電話するんだよね。バンドをやるのが楽しくて始めたのに、なんでその一番大事なメンバーを泣かしてるんだろう。俺って、なんて嫌なヤツなんだろうって」


締め切り最終日に録音された「４６４５」


この日もスタジオで、「あ、ごめん」と言って固まってしまった桑を見て、洋次郎は横のギターを取った。もう、「次までに考えてきて」という余裕はなかった。

「新たなパターン、一緒に考えてみようよ。いったんこっち戻ってきたら？」

ブースの中から、うつむいて桑が戻ってきた。暗い表情をしている。

洋次郎は、ギターを弾きながらあっという間に、二つのパターンを作ってしまった。

「このパターンと、このパターン、どっちがいい？」

そう言ってギターを弾いた。

「こっちの方がいいかな？　どう？」

堅い表情のまま、洋次郎の指を見ていた桑が言った。

「お前がいい方でいいよ」

その瞬間、洋次郎はテーブルにあったアルミの灰皿を投げた。

シュッと飛んで壁に当たり、からんと音を立てて、床に落ちた。

そして、スタジオを出ていってしまった。

どちらも本音で真っ直ぐ相手に接しているのに、すれ違ってしまった。

洋次郎は、桑と一緒に作り上げたかった。

桑は、洋次郎が決めてくれたら良かった。それが、桑の本心なのだ。桑はただ洋次郎の横で、ＲＡＤＷＩＭＰＳでギターを弾いていたいだけなのだから。

ひたひたと締め切りが迫る中、全十一曲のアルバムだとみんなが思っていたところに「もう一曲追加したい」と洋次郎が切り出した。

本当はこの頃既に、「ふたりごと」の基礎が出来上がっていた。時間があればアルバムに入れたいのだが、間に合いそうもないから別の曲を作るという。

それが、「４６４５」である。

この曲は、締め切りギリギリの最終日にレコーディングされた。

曲が出来て、リハーサルをする間もなく録音されている。

智史は後に「今聴いてみると、曲の構成を覚えてないで叩いているのが分かるんですよね」と笑った。

洋次郎はこの時期、学校のテストもあって、「パソコンで勉強用のウインドウと、『４６４５』の歌詞のウインドウを二つ開いて、交互にやっていた」という。

その苦労も実り、鮮やかに新しいバンドの登場を告げる、アルバムオープニング曲となった。

レコーディングは二〇〇五年末に終了。

マスタリング作業を終え、またも洋次郎が三十九度の高熱を出して倒れた。前作同様、まさに心血を注いでの制作となった。その過剰な集中力に肉体がついていかなかったのだろう。

レコーディング終盤にずっと話していたのは、「完成打ち上げをいつやる？」だったのだが、全ては延期された。

三枚目のアルバムは、「ＲＡＤＷＩＭＰＳ ３～無人島に持っていき忘れた一枚～」と名付けられた。

『無人島に持っていく一枚』だとガチになっちゃうから、持っていき忘れるくらいがいいんだよね。あれ、ない。みたいな」

「ＲＡＤＷＩＭＰＳ ２～発展途上～」を遥かに凌ぐ内容で心を奪われたが、それは僕だけではなかった。音源を聴いた人からも爆発的な評価を受けた。

最初に会社の会議でみんなに聴いてもらった後、横浜ＢＬＩＴＺでメジャーデビューの挨拶をした、こばそうさんに呼び止められた。

「自分たちが扱うのがどれだけ巨大な才能なのか、心してかからないといけない」

洋次郎が倒れるほど心血を注いでいるのを見ていただけに、それを才能と言い切ってしまうのには違和感もあったが、魔法のような音楽に触れた時、そう思うしかないことも分かっていた。

飼い主の「無人島に持っていき忘れた一枚」を届けにいく犬

次は、アルバムのジャケットである。

デザイナーの佐々木とメンバーが、東芝ＥＭＩに集まった。

「何かざっくりとした感じでもいいので、イメージってありますか？」

洋次郎が話し出す。

「違和感があって、ちょっとクスッと笑えるような感じかな。すごく整頓された中に乱雑なものがあったりして」

「違和感で笑えるって、どんなのがいいんだろう」

僕も、腕を組んだ。

「たとえばね、ものすごく道路が車で渋滞しているんだけど、大きなワゴン車の屋根に、ナベさんがアロハシャツ着て寝っ転がって、涼しそうに笑っているとか」

「あ、面白い！」

佐々木が紙にペンで、さらさらとデッサンをする。パパッとデッサンをするデザイナーが打ち合わせにいると、突然具体的なイメージが立ち上がって話が進んでいく。

みんながそれを覗き込む。

「これ、面白いね」

他のメンバーも賛成したので、実際に長い渋滞での撮影が可能なのか調べて、また後日打ち合わせすることになった。

こういう時、僕がどう思っているのかはあまり気にされない。

二回目の打ち合わせ。

佐々木はセクシーと相談したそうだが、撮影可能な長蛇の渋滞を作るためには、道路を封鎖する必要があり、場所を探すにも時間がなさすぎるという。

代案として佐々木が持ってきたのが、飼い主の「無人島に持っていき忘れた一枚」を、犬が頭にくくり付けて届けに行くというものだった。

デッサンとともに説明され、全員が拍手した。

話はそこから盛り上がり、一気にイメージの花が咲いた。

「今から行くぞ！　届けるぞ！　と、なるべく凜々しい顔を撮りたい」

「無人島に着いたよ！　と砂浜を走って届けに行く写真もあると面白い」

「一生懸命泳いでいるところを、水の中から撮れないか」

このアイディアは、センスがあってクスッとするおかしさもあって、まさにRADWIMPSそのものだと僕は思った。

いろんな才能ある人が集まってきてくれて、僕の夢を叶えてくれるようだと、いまだRADWIMPSという爆弾に火をつける、映画の主人公にでもなった気持ちでいたのだ。

満場一致でこれに決まり、撮影用の動物プロダクションから写真の資料をもらって、みんなでワイワイ言いながら見た。

可愛くもあり凜々しさもあるという理由で、モモちゃんという名の犬が選ばれた。

後日撮影された写真のプリントがあがって、全員で集まった。

「おおー！　めちゃいいい！」

「RADWIMPS 3 〜無人島に持っていき忘れた一枚〜」ジャケットのアウトテイク。犬のモモちゃんは優雅そうに泳いでいるが、実際はバシャバシャ動き回って大変だった。そりゃそうだ、犬なんだもん。頭にCD付けられて、大変だよ。カメラに目線が来ている奇跡のショット。

「面白い!」

口々に喜びの声があがった。

そうしてジャケットデザインが出来上がった。

最初のアルバムを試聴機で聴いたのが二〇〇三年。その三年後にメジャーデビューアルバムを出す準備を自分がしているなんて。

人生は、素敵だ。

18

怒濤の日々

デビュー直前の頃はレコーディングや学校と並行してプロモーションもあり、忙しい日々を過ごしていた。

洋次郎の学校が湘南、武田と智史の学校は横浜。取材などをする東芝EMIは、溜池山王。

洋次郎と武田と智史は相談して、授業を選択する時になるべく三人が揃って空く時間が出来るように調整していた。そこにまとめてレコーディングや取材を詰め込んでいった。

こぼれたものは、毎週金曜日にFm yokohamaの「金9」があったので、放送前にすることにした。あとはここしか四人が揃う時間がなかったからだ。

場所はいつも決まっていて、Fm yokohamaが入っている横浜ランドマークタワーにあるホテルの、地下のレストラン。

そこでデビュー直前の秋以降は、毎週のように取材を受けた。

一日で二、三本は受けていたので、取材チームがその都度入れ替わると、ドリンクのオーダーだけで何十杯にもなる。そのうち何も言わなくても、東芝EMIで領収書が出てくるようになった。

ビーチサンダルや短パンNGのドレスコードのあるレストランで、ナイフやフォークを上手に使う紳士淑女からは不思議そうな目で見られたが、お店のスタッフは親切にしてくれてありがたかった。

少人数から大人数まで対応できて、大きな荷物も置かせてもらえて、取材中にうるさくなくて、食事なしのドリンクだけでもOKで、すぐエレベーターで上がればFm yokohamaがあった。

「25コ目の染色体」が十一月発売だから、十月売りの音楽誌に出るとなると、八月〜九月にはインタビューを受けなくてはならない。

翌年一月のシングル、二月のアルバムに向けて、連続で取り上げたいという雑誌も多く、ものすごい数の取材をこなしていった。

本格的な取材ラッシュが始まる前に洋次郎には、簡単に説明していた。

「バンド名の意味はなんですか？　結成のいきさつは？　とか、みんなが同じことを聞いてくるから、一日に何度も同じ話をしないといけないの」

「よく聞くね、そういう話」

「あんまり同じことを聞いてくるから、資料にして配ろうかと思うくらいなんだけど、それぞれのメディアが独自の切り口で記事にするために、直接本人に聞きたいというものなので、根気よく話してほしい」

「うん、分かった。インタビューもライブだもんね」

「そう。それと、歌詞のことばっかり聞かれると思う。RADWIMPSは歌詞だけじゃないって、言いたくなるくらいに」

「なんで分かるの？」

「歌詞、すごいもん。もちろんメロディーやアレンジもすごいんだけど、それは活字にはしにくいでしょう？　歌詞はテキストで伝えやすいから。これにも根気よく答えてね」

怪訝な表情でうなずいていた洋次郎だったが、取材ラッシュが始まって何日かしたら、ぽつりとこう言った。

「しかしホントに、歌詞のことばっかり聞かれるね。最初にそれ聞いておいて良かったよ」

それでも洋次郎は、同じような質問でも、メディアに合わせて微妙に答える内容を変えていた。読者がバンドをやっているような雑誌にはバンド内のエピソードを、音楽リスナーが読む情報誌には、新曲の聴き所を分かりやすく付け加えていて、見事としか言いようがなかった。

アルバム発売前に何のレコーディングしてるの？

「RADWIMPS 3～無人島に持っていき忘れた一枚～」を完成させた直後の二〇〇五年のクリスマス、彼女とうまくいっていなかった洋次郎は、打ち合わせをしたいとスタッフを呼び出す。

クリスマスだからと遠慮して、桑と武田と智史に招集はかからなかった。

東芝EMIの会議室がその場所となった。

洋次郎はそこで、高らかに宣言する。

「来年はアルバムをもう一枚出す」

ついこの間まで高熱を出して倒れていた人にそんなことを言われても、みんな信じなかった。

メジャーデビューアルバムが年明けの二月にリリースされたら、三月からツアー、夏フェスもブッキングされていた。桑以外の三人は、大学もある。それにどんなバンドであれ、一年に二枚もアルバムを出すなんて大変なことだ。

もう一枚の制作は困難に思えた。

二〇〇六年になってすぐに、怒濤のプロモーションスケジュールを縫いながらもレコーディングが始まった。

無人島のアルバムに入れたかったけれど、到底間に合わないので断念した曲、「ふたりごと」である。

この時は、僕とメディア側との間で面白い会話が続いた。

「RADWIMPSを取材したいんだけど、スケジュールはどう?」

「ありがとう。でもね、今レコーディングしててね……」

「え、アルバムの音源もらったよ?　あれ、完パケじゃないの?」

「完パケだよ」

「え?　じゃあ、何録ってるの?　デビューアルバム発売前に」

「そうなんだよ、デビューアルバム発売前にねえ。あの人たち、何してるんだろうね」

レコーディング、学校、プロモーション、ライブ。

二〇〇六年はRADWIMPS史上、最もカオスで慌ただしい年となった。そしてカオスの中だからこそ生まれた、勢いとパワーに満ちていた。

ツアータイトルを決めた深夜食事会

メジャーデビューアルバムの発売が近づき、ＦＭ８０２のヘビーローテーションに、アルバムから「最大公約数」が選出された。ＦＭ８０２はアーティストとリスナーを愛する活気のある局で、現在は会長を務める栗花落光（つゆりひかる）さんが語った「ＤＪの一番大きな役割は、アーティストが作った楽曲をより増幅して伝えることや」の言葉どおり、愛のあるオンエアーで曲を何倍にも光らせてくれた。

三枚目のアルバム「ＲＡＤＷＩＭＰＳ ３～無人島に持っていき忘れた一枚～」は、二月十五日に発売され、オリコン初登場十三位を記録した。

三月五日から四月九日にかけて、アルバムリリースのライブツアーを敢行。

このツアータイトルも、「金9」放送終了後の深夜食事会で決まった。今までは僕と洋次郎の二人だったが、新たに善木さんと塚ちゃんが参加して四人となっていた。

「そろそろツアータイトル決めないと、印刷物が間に合わなくなるんだけど」

善木さんが「公演概要確認書」と呼ばれる、ライブの詳細が書かれた書類を洋次郎に見せて言う。日時やチケットの価格などツアーの詳細が書いてあるが、「公演名」の欄は未定となっている。

それを見ながら、洋次郎が不思議そうな顔をして言う。

「いつも思ってたんだけど、このドリンク代別って、欲しくない人も払わないといけないんでしょ？

どうしてトータルの金額で言わないの？　チケットを安く感じさせようとしてるの？」

「ライブの主催者が受け取るのがチケット代金で、ライブハウスが受け取るものがドリンク代なんです。ライブハウス特有の習慣で、ドリンク代を分けて書くようになって。だからホールやアリーナでは、ドリンク代がないんですよ」

善木さんが答える。

「そしたら初めてライブに来るお客さんもいるだろうから、ツアータイトルに入れちゃう？『ＲＡＤＷＩＭＰＳと行く無人島ツアー２５００円ドリンク代は別途頂きます。』って、旅行会社の売り文句みたいにしたら面白くないかな」

洋次郎が笑って、善木さんが嬉しそうにタイトルを紙に書きだした。

それを眺めて、「なんかちょっと値段がはっきりしていない感じの方が、プロっぽくなくていいんじゃない？」と２５００円の後に、「？」マークを付け足した。

始まったツアーでは、どの会場でも客席の照明が消えると同時に大きな歓声が上がり、お客さんが雪崩を打つようにステージに駆け寄っていった。

「それじゃ今日もよろしこー！」と洋次郎が叫んで「４６４５」が始まると、会場の床がぐらんぐらんと揺れた。みんなが汗だくの笑顔で飛び跳ねながら、演奏される曲の歌詞を、大声で叫んでいた。

それを見て僕は、心が震えた。

今まで積み重ねてきたことに、確かすぎるほどの手応えがあった。それぞれの曲のレコーディング風景、こなしてきた取材やラジオ出演を思い出して、その結果として曲が観客の奥深くまでしっかり届いているのを実感した。

僕の自信をさらに強くしていたのは、このツアーの後にシングル「ふたりごと」が控えていたことだ。「ふたりごと」も新たな幕開きを告げる斬新な曲だった。

新曲を作るごとに異様な進化を遂げるバンドに、このままのペースで続けられるのだろうかと怖くなるくらいだった。

この曲は発売前に早くも、アンコールで「新曲をやります！」と演奏された。

あまりに壮大な「新曲」を颯爽と演奏する姿は、高らかに勝利を宣言しているように見えた。

苦肉の策で生まれたフリーペーパー

ツアーが終わって、「ふたりごと」は、五月十七日にリリースされた。

「君」に向けてのあまりに真摯なメッセージや、「一生に一度のワープをここで使う」という独特のセンスも炸裂して、大きな反響を巻き起こした。

全国のラジオで大量にオンエアーされ、これも島田大介に監督を頼んだミュージックビデオは、「SPACE SHOWER TV POWER PUSH」に選出された。

この曲でＲＡＤＷＩＭＰＳに出会った人も多く、その人たちが遡(さかのぼ)って「ＲＡＤＷＩＭＰＳ３～無人島に持っていき忘れた一枚～」を聴いてくれた。

その結果、デビューアルバムのチャートが上がっていった。

三ヶ月前にリリースされたCDは売り切りにして在庫していないお店も多いだろうと、再受注することになった。

社内で、お店が普段あまり仕入れようとしない旧譜のオーダーを取るために、特典が欲しいという話になった。

「何枚以上仕入れてくれたら、RADWIMPSステッカーを付けるので、店頭でセールをしませんか？」と働きかけたいと。

特典に僕は違和感を覚えた。

「予約してくれたり、発売日に買ってくれたファンがもらっていないものを、後から買った人がもらえるというのは、なんだかおかしい気もする。ステッカー欲しさに、同じCDを二枚買う人がいたら申し訳ないし。何か特典がないとお店も仕入れてくれないのも分かるけど」

そこで苦肉の策として考えられたのが、「フリーペーパー（有）ボクチン」である。

旧譜を一定数仕入れてくれたお店に、フリーペーパーを置く。ただで誰もがもらえるものなので、お客さんに対しての不公平は生まれない。

言い出した僕が、それを作ることになった。

この頃はやることが多くて、原稿をライターに頼まなくてはと思っているうちに、締め切りが来てしまった。今日中に原稿を書いてくれとはさすがに頼めないから、仕方なく自分で書いた。

幸いなことに全ての取材に立ち会っているし、毎週洋次郎とご飯を食べて話しているので、ネタはいくらでもあった。

フリーペーパー「(有)ボクチン」。右上にある天ぷらそばの写真は、桑が食べ終わったところを僕が撮ったもの。「天ぷら食べないの?」「重くて残しちゃうんだよね」。なかなかレコーディングが終わらないので、スタジオで寝ている桑と、当時メンバーのエネルギー源となっていたデカビタCの群れ。何が使われるか、分かったものじゃないですね。

その延長でレコーディングが忙しくなって、メンバーが書いていた日記を更新する時間がなくなってきた頃、「代わりに日記を書いてくれ」と洋次郎に言われて始まったのが、オフィシャルサイトのスタッフダイアリーなのである。

19

大切な人

この頃の洋次郎には、大切な彼女がいた。

「金9」のあとの定例食事会でも、よくその人の話が出た。二人は多くの場合一緒にいたから、僕もよく知っている人でもあった。

「高校は厳しい学校で、勉強しろと迫ってくるんだけど、ずっと彼女と一緒にいたよ。ずっと散歩してた」

「それじゃあ、そんな難しい大学に合格しないでしょうが」

「うーん、でもほとんど勉強しなかったな、ホントに。彼女とずっと一緒にいて、家に帰ったらまた電話して」

「そんなにずっと一緒で、何話してるの?」

「何も話してないのに、三時間くらい経ってる時もあったよ」

洋次郎の話を聞いていると、彼女というよりも精神的支柱であるような、人生観を変えた存在なのだと思う。

「だけど、喧嘩ばっかりしてる」

「え、そんなに大切な人なのに、なんで？」

「好きだから」

「好きだから？」

「そう。好きじゃない人には本気になれないから、怒りもしない。好きな人じゃないと喧嘩なんてしないよ」

僕は好きな人とは喧嘩したくないと思ったが、僕より年下でも精神世界では上にいるような洋次郎の言うことは全て理解できるわけでもなかった。

彼女はいつもライブや野田家忘年会に来ていたので、僕もその人となりはよく知っていた。二人が一緒にいるのを見るのは好きだった。

洋次郎は「祈跡」や「ＲＡＤＷＩＭＰＳ ２～発展途上～」を通して、ひたすら彼女のことを歌い続けていた。

メジャーデビュー曲「25ｺ目の染色体」では、「あなたが死ぬ　そのまさに一日前に　僕の息を止めてください　これが一生のお願い」と歌われる。

そうして、次の世は「一つの命として生まれよう」だ。

とてつもなく深いことを歌にしているのだが、まだまだそれでは終わらない。

アルバム三枚を作って彼女への愛を叫んでもまだ足りず、四枚目のアルバム制作に入っていくのだから。

僕は「ふたりごと」やカップリングで収録された「ラバボー」を初めて聴いた時、こんなことまで歌にするのか、歌わないといけないのかと思ってしまった。

「ふたりごと」では、彼女の両親が「いつしか　目と目も合わさず」にいる。傷ついた彼女を励まそうと言葉を尽くしている様子が克明に描かれている。一方で「ラバボー」は、「お母ちゃん」に「お兄ちゃんじゃなくて僕だけを　見てて欲しかった」と歌われる。

「今自分が思っていることや感じていることを、過不足なく正確に一点の曇りもなく歌にしたい」というスタイルは、ここまで突き詰められないといけないのかと。

倒れるまでトレーニングしないと安心できない、アスリートのようなものなのだろうか。

こんなに何でも赤裸々に歌ってしまって、大丈夫なんだろうかと不安さえも覚えた。

しかし「本当のことじゃないと、届かない」と洋次郎は言う。

その信仰のような十字架のような楔（くさび）は、表現者の業や才能と結びついて、どこまでも切り傷を深くしていくように見えた。

インタビューでも、彼女のことを隠さずに語る。

「疑うという言葉の意味も知らないような人で、世の中にこんな人がいるのかと驚いた」

このドキュメント感は、そんな不安を打ち消すようにあまりにも魅力的に輝いていた。

RADWIMPSの周りにだけ、新しい風が吹いているようだった。

どこにも、ただの一つも、嘘がないのが洋次郎であり、RADWIMPSだった。

こうあり続けるには、強くなければいけない。

どこかにその負荷は、必ずかかるだろう。

負荷がかかったのか、喧嘩が多すぎたのか、洋次郎が時々こぼすようになっていた。

「最近うまくいってなくて」

「好きだから、喧嘩する」というのも、僕にとっては不思議な感覚だった。洋次郎がそうだとしても、相手もそうなのだろうかと。

二人のことを見たり聞いたりしていくうちに、しょっちゅう喧嘩してまた仲直りして、そうやって続いていく関係もあるのかと思うようになっていた。

RADWIMPSは彼女に好きだと叫ぶ装置だったから

「有心論」のレコーディング前に、何か決定的なことがあったようだった。

またすぐに仲直りするだろうと思っていたが、そういう気配はなかった。

会社にいたら突然、洋次郎から「彼女とダメになりそうで、歌詞が書けない」とメールが来た。

「ナベさんが愛してくれたRADWIMPSは、もう終わってしまったよ。RADWIMPSは、オレが彼女に好きだと叫ぶ装置だったから。ごめんね」

僕はこれを読んで、足元が沈み込んでいくような感じがした。

バンド存続の、解散の危機。

素晴らしいデビューを迎えて、これからという大切な時期に。

しかし一番心配なのは、洋次郎のことだ。まずは会って励まそうと、「美味しいものでも食べに行こう」と誘った。

すぐに「うん」とだけ返信が来た。

その日僕は別件の打ち合わせもあって、すぐに会社を出られなかったので、やまちに電話した。

呼び出し音が続き、早く出てくれと願っていた。

「もしもし、ナベさん、山口です」

「洋次郎が彼女とうまくいってないらしくて、かなりまいっているみたいだから、ご飯行こうと誘ったんだけど、俺はまだ会社ですぐ出られなくて。これから空いてる？」

「了解です。心配ですね、すぐ出られますよ」

知り合いのビストロを予約して、やまちと洋次郎に場所をメールした。

急いで打ち合わせを終わらせて店に行くと、テーブルには桑の姿もあった。

三人で赤ワインを飲んでいて、洋次郎もほんのり赤い顔をしている。

お店は笑い声で溢れていて、フォークやナイフ、お皿を片付ける音が賑やかだった。

「遅いよー」と洋次郎。

「ごめんごめん、桑までどうしたの？」

「洋次郎から、ナベさんとやまちと飲むから来ないかと誘われてね」

やっぱり洋次郎は寂しいんだなと、その時感じた。

桑がいることで、あまりダイレクトに仕事や彼女の話をしないで済む、そういう意図もあったのかもしれない。

そのお店を選んだ理由は、スタッフも明るい人たちだから、気が紛れるかもしれないと思ってのことだった。スタッフが僕のところに大皿で料理を持ってきてくれた。

「遅れて来るって言うから、みなさんが今まで頼んだもの、少しずつ抜いて、お皿にまとめておいたんですよ。相手はナベさんだから、全部大皿にのせちゃえって厨房で話して」

この夜、一番笑ってほしかった人が笑った。

「わあ、さっき食べたやつだ。タイムカプセルみたい。これ美味しかったよ。ちょっともらってもいい？」

「ダメだよ、美味しかったんだろ？」

「いいじゃん、一口」

そうやって、四人で笑った。

洋次郎が、思ったよりも元気そうで嬉しかった。でもそんな簡単に元気になるわけでもないとも考えた。

その夜僕たちは、彼女の話を最後までしなかった。僕が来る前にしていたのかもしれないけど、僕からは触れなかった。

気分転換だから仕事の話もしないようにしていたが、結局最後は新曲の話になった。

「どうする？　発売延期という選択肢もあるけれども」

「なんとしても七月には出す。締め切りギリギリになって悪いけど」

「大丈夫そう？」

「歌詞も、アイディアはあるから。なんとか論者って入れたくて、今日はそれを考えていたんだよね」

「そうか、ゼロではないんだね」

「ゼロじゃないよ」

そう言って洋次郎は帰っていった。

気分転換になったようには見えなかったけれど、洋次郎は数日後にあの驚くべき歌詞をあげてきた。

曲を聴いた僕は、誰かに会うたびに同じことを話していた。

「今度のＲＡＤＷＩＭＰＳの新曲、すごいんだよ！」

「どんな曲なの？」

「サビが、『誰も端っこで泣かないようにと　君は地球を丸くしたんだろう』っていうの」

それだけ聞いて、みんなが叫んだり絶句したりしていた。

「有心論」は七月二十六日にリリースされ、「ＲＡＤＷＩＭＰＳ ３ ～無人島に持っていき忘れた一枚～」のチャートが再浮上した。

ビデオに彼女に出てもらおうと思って

二枚のシングルを含むニューアルバムのレコーディングが始まっていた。

この頃は、もう二人は別れてしまったのだろうと思っていたが、僕から洋次郎には聞かないでいた。そうしなくても、新曲の歌詞を見れば、状況が想像できたからだ。

「これで5度目の別れ話です」という「05410-（ん）」の歌詞のとおりで、何度か波があったみたいだ。その後に上がってきた「me me she」を聴いた時は、苦しくなってしまった。

同時にあまりにも美しい曲なので、高揚感も覚えた。

人の悲しみを聴いて辛くなりながらも、高揚する。禁断の果実のような魅力がそこにはあった。そしてまた、ここまで赤裸々に書かないといけないのだろうかと思った。表現者の「業」ともいえる、突き詰め方。どうして、ここまで書いてしまうのだろうかと。

「ここまでやらないとダメなの？　自分で納得がいかないの？」と聞いてみようかと何度か思ったが、作品がそこに厳然とあるわけだから、聞いても仕方がない気もした。

さらに驚いたのは後に、「me me she」のビデオを作ろうという話になり、洋次郎と僕とやまち、善木さんと塚ちゃんで打ち合わせをしていた時のことだ。

「ビデオに、彼女に出てもらおうと思って」

全員が、絶句した。

「もちろん、顔は出さないよ。二人でただ歩いているだけのビデオで、肩から下だけが映っているの」

「彼女も出てくれるって？」

僕はそんなのは無理だろうと思いながら聞いた。

「うん。顔映らないならいいって」

「有心論」の時に彼女と別れてしまったから、「ナベさんの愛してくれたＲＡＤＷＩＭＰＳは終わってしまった」のかと思っていたが、洋次郎の言葉を借りれば「必死の説得というか押し問答」を続けて、この頃はくっついたり離れたりを繰り返していたようだ。

一緒にいると傷つけ合ってしまうけれど、離れてみると会いたくなる。未練。「me me she」。

目が合った善木さんが言った。

「一般の人だから、顔を出さないとはいえ、大丈夫ですかね」

「モデルでやったら、一緒に歩いてる雰囲気だけで嘘ってバレるよ」

洋次郎はもう、彼女と二人で撮影すると決めているようだ。

「ビデオの撮影スタッフとも相談しましょうか。監督は誰か考えてる？」

やまちが言うと洋次郎は、「島田大ちゃんがいいと思う」と即答する。

後日食事も兼ねて居酒屋にみんなで集まった。

やってきた大ちゃんは開口一番、「洋次郎らしいなあって、びっくりしたよ」と笑った。

「そうかな」

「うん、面白い。何年も一緒に歩いてきた二人にしか出ない空気感は絶対にある」

「やっぱり？　だよね、そうだよね」

「そりゃそうだよ。モデル使うんだったら、この企画はやらない方がいいよ」

二人は嬉しそうに、どんどん盛り上がっている。

ここでも、表現者の「業」を見たと思った。二人とも、優れた表現者なのだ。

右が盟友の島田大介。左手に海老を持ちカメラを構えたものの、「暗くてブレる」と言うので、洋次郎がレンズを支えている。「海老越しの洋次郎」を撮りたかったそうですよ。不思議な人たちですね。まあ大変ですよ、付き合うこちらも。

本物の彼女を出して大丈夫だろうかという僕たちの心配は、吹き飛ばされてしまった。実際に映像を作る大ちゃんが、止めてくれないかとどこかで期待していたのだが。

「そしたら俺が、一緒に歩きながら二人をワンカメで撮ろうかな。本物感を出すために、編集なしの一発撮りで」

「いいね、それ」

「あと、ダメだったら全然いいんだけど、せっかく本物でやるんだから、二人で話しているところをマイクで録れたらなと思って。これこそ本物にしかできないから」

さすがにそれはやりすぎだろうと、僕は割り込んだ。

「声まで出しちゃうのは、心配なんだけど」

「いやいや、すごく薄く、何言ってるか分からないくらいで、観てる人も、もしかしてこれ、何かしゃべってる？　しゃべってない？　くらいの」

「うんうん、面白いと思う。やろうよ」

そうしてまた、そこまでやらないとダメなの？　本当のことを全部そのまま表現しないとダメなの？と思った。

フィクションの曲への違和感

そんな洋次郎が、初めて想像で曲を書いたという。

「RADWIMPSは、オレが彼女に好きだと叫ぶ装置だったから」と言いながらも、前に進もうとしていた。

あんなに自分の気持ちを百パーセント曲に吹き込もうとしてきたのだから、それを知って驚いたなんてものじゃなかった。

傷ついてもがいて、それでも何かを作ろうとする。これも、表現者の「業」なのだろうか。

それが、「遠恋」である。

最初聴いた時は、違和感を覚えた。いつもの歌と違う気がしたのだ。

今までは一つの嘘もなかったところに、嘘が入り込んでいるように思えてしまい、あまり好きになれなかった。

もちろん、想像して書いた歌は嘘とは違う。

ただ、今までの歌が、あまりに赤裸々すぎたのだ。

大切な軸がブレるような怖さがあって、どうして、「遠恋」なのだろうと、恐る恐る聞いてみた。

「遠距離恋愛って、したことあるの？」

あるって言ってほしかった。これも全くのフィクションではなく、基礎になっているのはドキュメンタリーで、今までと変わっていないと聞いて安心したかった。

「ないよ。そんなの」

答えを聞いて、思わず言ってしまった。

「やっぱり、今までと違う感じがしたよ。大変な時に言いにくいけれど、フィクションの歌を書くのやめない？　書く題材が見つからなかったら、題材がないってこと自体を歌にするのは難しいのかな」

「ナベさんにはかなり違和感あるんだね。いったんフィクション書こうと決めたら、楽しく書けたけど。今後ずっとフィクション書くわけじゃないから大丈夫だよ」

しばらくして、「バグッバイ」が届いて、心底驚かされた。フィクションを一つ書いたくらいで、なんて浅はかなことを洋次郎に言ったのだろうと後悔した。

「歌詞を書くことによって、自分はこういう人間だったのかと気づかされる。もしかして、『君』のことを歌いながらずっと『僕』を歌っていたのかもしれない。自分は何者なんだろうって」

洋次郎はよくこう言っていたけれど、「バグッバイ」はその到着点であり新たな出発点に感じた。

「地上で唯一出会える神様」を失って、次の神様と抱き合おうとしているような凄まじさがあった。

そして別れですら次の表現への必然で、それさえも宿命だった気がして怖くなった。

20

本当の意味でのＲＡＤＷＩＭＰＳのアルバム

成していった。

「有心論」での危機を乗り越え、「遠恋」「me me she」「バグッバイ」を始め、堰を切ったように曲が完成していった。

この頃も、江戸川橋の「light studio」に缶詰めになってアレンジを続けていた。

誰かがフレーズを出し、「そういう方向じゃない」と洋次郎が言い続け、時には怒鳴り、激昂した。詰められたメンバーは泣き出してしまい、家に帰って洋次郎は「俺って何様なんだろう」と泣いた。

そんな日々を繰り返しながらも、四人は強く団結していった。

「ＲＡＤＷＩＭＰＳ ３～無人島に持っていき忘れた一枚～」の発売前からレコーディングに入っていた「ふたりごと」以降、「三枚目でできなかったことをやり切る」と、四枚目に向かう道をひたすら走っていた。

それと同時に、前のアルバムでツアーをやって、ライブで盛り上がる曲の重要性も感じていたようだ。夏休みのスケジュールは、レコーディングに充てられていたが、夏休み後半には二本のフェスがブッキングされていて、九月二日と三日には横浜BLITZワンマン「セプテンバーにぃさん」が控えていた。

洋次郎は当初、こう作戦を立てていた。

「まずは夏休み前半で、『バグッバイ』のようなバラードやミディアムの曲を録り終えておこう。休み後半のライブが始まったら、お客さんが飛び跳ねている空気感を体が覚えているうちに、みんながライブで喜んでくれる曲を作ろう」

しかしライブが始まるまでに予定していた曲が仕上がらず、「セプテンバーにぃさん」終了後の二週間で、五曲を制作するという切羽詰まった状況になった。

なんとか余力を振り絞り四曲を仕上げ、「まだアルバムに入っていないタイプの曲」を作ろうと、「指切りげんまん」が作られた。

「いろいろな音をポコポコと詰め込みたい」と、指を口に突っ込んで音を鳴らしたりしたが、いよいよ精神も肉体も限界に近づき、洋次郎がスタジオから突如いなくなったりしたこともあった。後半では深夜を越えて早朝まで作業が続き、みんながフラフラになっていた。

その「指切りげんまん」も録り終え、全体を俯瞰で見渡す。

「曲順を考えるとアルバム最後の曲は『バグッバイ』になりそうだけど、これで終わるとちょっと重い？　最後は明るく終わろうか」

バンド初のシークレットトラック、「泣きたい夜ってこんな感じ」が録音された。

これはまさに一発録音で、爆笑のうちに終わった。

全ての録音をやり切り、「終わったー！」と四人で叫びながら、円陣を組むようにハイタッチをした。

2006年9月2日&3日「セプテンバーにぃさん」。仲が良くて、よろしいこと。この二人で始まった物語が、こんなに素敵になるなんて。

ハイタッチをしながら、いつまでも楽しそうに回転していた。

洋次郎が倒れ、表紙撮影が延期に

ギリギリまで制作が続けられたから、完成直後からプロモーションを始めないと間に合わない状況になっていた。

「RADWIMPS 2～発展途上～」、「RADWIMPS 3～無人島に持っていき忘れた一枚～」と、どちらも完成直後に洋次郎は倒れている。今回もそうなるのではないか。

僕たちは心配していたが、本人に聞いてみても仕方がない。

倒れないことを前提に、プロモーションのスケジュールがどんどん入っていった。

アルバム完成直後、音楽誌の表紙撮影を入れることになった。

久しぶりの表紙だから、事前に入念な打ち合わせをして、その日の朝を迎えた。

撮影スタジオに向かう地下鉄への階段を降りようとしたら、マネージャーの塚ちゃんから電話が入った。電話があった時に予感はあった。

「ナベさんすみません、洋次郎がやはり倒れちゃって」

「大丈夫？　熱もひどいの？」

「病院に来てみたんですけど、即入院だそうです」

「えっ！　入院？　今までは倒れても家で寝込んでいたのに、そんなに悪いの？」

「極度に消耗しているみたいで、何か病気を併発したら大変だから、経過観察みたいです。今点滴打っているので、終わったらもう一度電話します」

「点滴打って復活するなんてないだろうから、今日の撮影はバラすね。でも表紙だし締め切りギリギリだから、デッドラインを聞いてみる」

「洋次郎は、表紙に穴開けられないから撮影はやるってずっと言ってるんですよね。ナベさんにも悪いって。スタジオで立っていれば、カメラマンがなんとかしてくれるだろうって」

「そんなこと言ってくれるだけでありがたいって、ゆっくり休んでって伝えてね」

雑誌の人たちには悪いけれど、あまり大変だとは思わなかった。

仕方ねえなあ、アイツ。よし、俺がなんとかしてやるか。そんな感じだった。

完成したばかりのアルバムには、何があっても大丈夫なような無敵感があった。だからこそ、僕はなんとかなると思っていたのだろう。

この日はお詫びや今後の対応などで、駅前でずっと電話をしていた。

充電していたケータイのバッテリーが、すぐになくなった。電話するって電気使うんだなと、実感した。

それでも用件は終わらなくて、充電のために電源を探した。銀行のATMコーナーにあった、掃除機をつなぐようなコンセントに充電器をつなぎ、コードが短くてしゃがみ込んで電話を続けた。

電話の相手はそれぞれみんな大変だっただろうけれど、「お大事に」と口を揃えて言ってくれた。

ATMを出ると商店街は、ランチタイムも終わってひっそりとしていた。車がびゅんびゅんと走る道路を渡り、コンビニで炭酸水を買ってしゃべり続けた喉を冷やした。

コンビニの店員は僕と目が合ったが、「大変でしたね」とは言わなかった。

次の日状況の説明も兼ねて、洋次郎が入院している病院にお見舞いに向かった。

暖かい冬の日。

ずっと寝ていると思ったので、本屋で差し入れの漫画を何冊か買った。

病院の門をくぐったところで、洋次郎の友人とすれ違った。

「あ、ナベさん、お見舞いですか？」

「うん、大丈夫かねえ、洋次郎は。病室どこなの？」

「病室なんかにいませんよ。あっちでひなたぼっこしてます」

病棟ではなく、左奥の公園のような樹木がある方を指差した。

黄色い葉をまとったイチョウが、はらはらと葉を落として、陽射しに映えていた。

何人かのシルエットが見える方に近づいてみたら、洋次郎がぽかぽか陽気を浴びて気持ち良さそうに別の友人と話している。

「おお、洋次郎、元気そうじゃん！　良かった」

「ごめんねー。撮影飛ばしちゃって。ナベさん大変だったね。すみませんでした」

長い髪と痩せた顔で、太陽の光を眩しそうにして笑う。

茶色のパジャマにグレーのガウン。点滴をぶら下げた棒を横に立てて、管は袖の中に入っていた。元気そうだが、やはり弱々しい。

「俺は大丈夫だけど、良かったよ、安心したよ」

「暇で暇で、死にそう。早く撮影やりたい。何か打ち合わせすることない?」

一通り話をして病院から帰る時、出口まで洋次郎が送ってくれた。

「それじゃあ、お大事に」

振り向いて手を振ったら、僕の目を見てこう言った。

「あとは、託します」

RADWIMPSのアルバムが完成すると、いつもこの言葉を思い出す。

ここから先は、僕にしかできない仕事だ。

倒れるほど精魂を込めて作られた大切なものを受け取って、リスナーに届ける。

病院に事情を話し退院予定日を聞いて、撮影は全て組み直した。

退院後には、嵐のような取材を受けた。退院直後だったから、気づくと入院した時の患者認識用リストバンドを巻いたままだった。

「これ、もういらないから、読者プレゼントにどう?」と洋次郎が言い、個人情報が分かるらしいバーコードを塗りつぶして、プレゼントに出した。

十一月になって、「セツナレンサ」が発売された。

その日はメンバーと渋谷にいて、僕の少し前を四人が歩いていた。

桑が三人にケータイで何か見せていると思ったら、道ゆく人が振り向くほどの大きな声がした。

「おおおおー!　マジかー!」

洋次郎と武田と智史が、口々に叫んでいた。

桑がオリコンのサイトを開いて、みんなに見せていたのだ。

RADWIMPSが、初めてベストテンに入った瞬間だった。

シングル「セツナレンサ」は、オリコン初登場七位となった。

こうして全国に火薬の匂いが満ち溢れた時に投下されたのが、「RADWIMPS 4〜おかずのごはん〜」だったのである。

僕もレコード会社の担当スタッフとして、バンドと一緒にすごいスピードで動いていたけれども、感覚としては爆弾を作っているかのようだった。

やるべきことをやり切ろうとしていた。

最初は小さい爆弾だったものが、またライブが売り切れた、ラジオのパワープレイが決まった、雑誌の表紙の話が来たなど、どんどん良いパーツに交換されていき、それは大爆発を起こせるものになっていた。

21 伝説の全国キャンペーン

「RADWIMPS 4～おかずのごはん～」には、数多くのメディアから取材や出演のオファーが殺到した。

全てのオファーを受けるのではなく、戦略的にあまり拡がりすぎないようにと僕は思っていた。メディアから押し付けるのではなく、リスナーには自然にRADWIMPSに出会ってほしかった。素晴らしい音楽を自分で見つけられたら、それはリスナーの中で大切なものとして育つ。

だから雑誌の表紙をたくさんやろうとは思わなかったし、同じような内容のインタビューが複数出てしまうのも避けたかった。おのずと丁重に断ることが多くなっていった。

レコーディング中は、「今はレコーディングに専念させたい」で全て通していたが、レコーディングが終わってしまうと、「学業優先なので、プロモーションに充てる時間がない」とか、「あまり有名になって顔が売れてしまうと、学校に通えなくなって困る」など、不明瞭な言い訳を繰り返すようになった。

それでもシングル「セツナレンサ」がオリコンチャートに食い込んでくると、ますますオファーは増えていった。

アルバムは大傑作だと自覚できていたし、聴いてくれた人には絶賛された。成功をはっきりと確信して、後はその規模を見極めようとしていた。ゴールはそこに見えていて、どのようにたどり着くか。

ブレずにやってきた結果、RADWIMPSは一点の曇りもなく輝きを放ったまま、誰にも借りを作らず頭を下げることもなく、自らの場所を掴み取ろうとしていた。

高校生の頃から始めたバンドの、最初の到達点。

この頃が、RADWIMPSの青春時代ともいえる、最も無邪気で楽しかった頃ではないだろうか。

「RADWIMPS 3～無人島に持っていき忘れた一枚～」の完成直後からレコーディングを続け、学校やプロモーションもこなしながら、「来年は、アルバムをもう一枚出す」の宣言どおり、彼らは一年間でアルバム二枚を完成させた。そしてその二枚は、魔法がかかったようなモンスターアルバムだった。

四人でタッグを組んで必死で難関を突破した、達成感や全能感に溢れていた。

全てはキラキラと輝いていて、柔らかく暖かな風に包まれていた。

そして、メンバーとスタッフの間では、伝説となっているキャンペーンが始まる。

各地で、RADWIMPSを応援してくれているマスコミの人たちに会いに行く旅。

大阪や名古屋のサテライトスタジオ出演などを除いては、洋次郎一人が行くことになっていた。洋次郎、塚ちゃん、僕の三人で移動する。

二週間出かけっぱなしでライブも二本

出かける前に、キャンペーンのスケジュール表を見せながら概要を洋次郎に説明した。

「キャンペーンって、各地のラジオに出たりするもので、東芝ＥＭＩのプロモーターと僕が相談して、こんなふうにメニューを組んでいるんだけど、露出を増やしに行くというより、いつも応援してくれている人に会いに行く旅なんだと思ってる」

「なるほどね」

「一曲オンエアーしてもらうために、何時間もかけて移動するのかと思うと疲れちゃうけれど、これから各地で洋次郎が会う人は、ＲＡＤＷＩＭＰＳにとって大切な人たちで、あちら側も洋次郎が来るのを楽しみにしてくれている。そういう人たちは、僕らがレコーディングしたりツアーしている間も、ＲＡＤＷＩＭＰＳの曲をリスナーに届けてくれる。そんな人たちに、いつもありがとうって言いに行くんだ」

「音楽って、ホントに手渡しだよね。それって信じられるね」

「うん、だから夜の食事も懇親会になっていて『洋次郎が来るなら会いたい』と、遅れて次々と人が滑り込んでくる場所もある。疲れたら言ってね」

こう言っておきながら、もし「疲れた」と言われても「頑張って」としか言いようがない状況になっていったのである。どんどんオファーが増えていって、最後には全部くっついてしまった。

学校の休みを使って、二週間出かけっぱなし。その中で、メディア主催のライブに二本出演する強行軍。

今となっては笑い話として思い出すのは、この時の福岡。

現地に着くと、各地にいる東芝ＥＭＩの宣伝スタッフが出迎えてくれる。その日は福岡の宣伝スタッフの高橋春菜（たかはしはるな）と、ＦＭ福岡の前で待ち合わせた。

そもそも最初から、スケジュールはかなりタイトだった。そこに取材が予定よりだんだんとずれ込んでいき、昼食の時間がなくなってしまった。

前の夜も懇親会で遅くなったから、ギリギリまで寝ていて、僕たちは朝食も摂っていなかった。

次の放送局に向かうタクシーの中で、高橋に言われた。

「予定より五分くらい早めに着くから、そこで何か食べるしかないんです。洋次郎君に申し訳なくて、なかなか言い出せなくて……」

二台に分かれて乗っていて、僕が先に局に着いた。

「分かった、僕が話す」

もう一台のタクシーに乗っていた洋次郎に、電話をかけた。

「あと五分のうちにお昼を食べないと、しばらく食べる時間がない。今目の前にあるのは、コンビニとマクドナルドの二つ。どっちがいい？」

「どっちも、嫌です。せっかくの福岡だよ」

「だよねえ」

僕はすぐマクドナルドに入り、洋次郎が好きだったコーラを買い、ハンバーガーとポテトのセットを人数分用意した。

到着後放送局のロビーにあるテーブルでパパッと食べようとしたら、「ロビーで飲食は禁止です」と警備の人に言われ、もう外で立って食べるしかない、五分しかないんだからと歩き出したら、局の番組スタッフが「ようこそ、お待ちしておりました」と迎えに来てしまった。

そのまま案内されてすぐに取材が始まり、一時間後に氷が溶けて炭酸の消えたコーラで、冷えたハンバーガーとポテトを食べた。

この日は福岡から新幹線に乗り、午後は広島に着いて取材とラジオ、そこからまた僕と洋次郎と塚ちゃんの三人で新幹線に乗って名古屋に向かった。翌日には朝早くからラジオ出演が決まっていたから、前日に名古屋入りした方が楽だろうという判断だった。

名古屋には入るだけで良かったので、新幹線の三人横並びの席で、やってきたワゴンから缶ビールと鳥の唐揚げを買い、福岡〜広島〜名古屋と駆け抜ける一日の終わりを祝って乾杯した。そうして車内でぐったりと眠った。

名古屋に着いてホテルに荷物を置き、福岡で美味しいものを食べられなかったから、意地でも今夜は福岡名物を食べよう！　と、三人で水炊きのお店を探して入った。

名古屋で食べた水炊きも、美味しかった。

「洋次郎、疲れただろ。同じことを何度も言わしてごめんな」

「スタッフみんなが、きちんとお膳立てしてくれてるから、俺は楽だよ。準備してもらった場所に出ていくんだから、疲れないよ。ありがとね」

僕たちスタッフにまで気を使って、楽なわけなどない。

かつてない、ハードスケジュール。夜は懇親会、翌朝早く起きて移動。

ホテル、空港、駅。放送局、雑誌社、ＣＤショップ。全国どこに行っても、行くのはここだけで、自分がどこにいるのか分からなくなる。

キャンペーン最終日は、札幌。

札幌の宣伝スタッフは、岡崎安紀（おかざきあき）。札幌でも洋次郎に会いたいという人が多く、苦労しながらスケジュールを組み立てていた。

到着後ゆっくり昼食を摂る時間もなく、東芝ＥＭＩの札幌オフィスに入り、インタビューに答える洋次郎。

インタビューを終え、外に出ると細かな雪が降っていた。

「今日こそは美味しいものを食べられる？　大丈夫だよね？」

次の取材場所に徒歩で移動しながら、僕と洋次郎で何度も岡崎に念を押していた。

「大丈夫ですよ。福岡の春菜ちゃんからも、スケジュール詰めすぎて悪いことしたから、美味しいものをご馳走してあげてと言われてるんですよ」

「そんなことまで、連携取ってやってくれてるんだね」

洋次郎は嬉しそうに歩みを止めて、雪玉を作って歩道の植栽に投げた。雪を溜めていた葉が、白く鮮やかに揺れた。

大変だったけれど全国各地の熱烈歓迎ぶりは、僕には凱旋公演のようにも感じられて嬉しかった。

契約できたばかりの頃に「RADWIMPS 2～発展途上～」を持って、「今度、こういうバンドがデビューするのでよろしく」と、今回のキャンペーンで会った人たちにRADWIMPSを伝えるべく全国を回っていたからだ。アーティストがいないので、スタッフキャンペーンといわれている。

爆発的リアクションで絶賛してくれる人もいて、アルバムの次に出した「へっくしゅん」をパワープレイにしてくれた局もあった。「死んじまえ　お前とか是非とも死んじまえ」という歌詞なので、オンエアー禁止にする局も多かったのに（オンエアーできない局があることは洋次郎に伝えていたが、それによって表現を狭くする必要はないとも付け加えていた）。

その逆もあって、ミクスチャーからアコギの弾き語りまである幅の広さを、「何がしたいのかよく分からない」と言う人もいた。

しかし今回のアーティストキャンペーンでは、絶賛の言葉しか聞くことはなかった。全国のメディアの人たちにとって、RADWIMPSは今、最も期待している存在、近々絶対にブレイクするアーティストになっていたのだ。

僕はできることを積み重ねて、「RADWIMPS 4～おかずのごはん～」の発売日を息を殺すように待っていた。

「このバンドを大爆発させるんだ。自分が点火するんだ」と思い続けて、遂に点火する時期が近づいていた。

「RADWIMPS 4 ～おかずのごはん～」、伝説の全国キャンペーン中の僕（左）と塚ちゃん。二人とも、目がうつろで飛んでしまっている。焦点があってないような。これで二人、会話してるんですよ。

22

解散する前に聴いてください

僕たちレコード会社のスタッフはアルバムが完成したら、メディアやお店に向けて、タイトルや歌詞を入れた紙資料を作る。それとCDを配布してプロモーションツールとする。

ただタイトルと歌詞を貼り付けるよりも、送る側の思いや体温も伝えたいと、いつも資料の表紙に簡単な解説の文章を入れていた。アルバムレビューを書くライターや、店頭でPOPを作ってくれるスタッフが、その文章を引用してくれて、ある種の統一感が出るという利点もあった。

「RADWIMPS 4～おかずのごはん～」の資料の表紙には、完成したばかりのアルバムを聴いて、最初に思ったことをそのまま書いた。

〈RADWIMPSが凄いアルバムを作りました。こんなものを作ってしまって、これ以上先に行けるんでしょうか。解散する前に聴いてみてください〉

そのくらい完璧なアルバムだということなのだが、アルバムを聴いてそう思う人は多いはずだとも感じていた。

これ以上はもう先に行けないだろう。あくまでそう直感的に思ってしまった。

一枚目のアルバムは、全てが初めてで、初期衝動をパッケージしてレコーディングは終わった。

二枚目は、今の四人になって最初のアルバムだ。まだ馴染んでいない時期で、バンドとして成長の途中だったのだと思う。だから、「～発展途上～」なのだ。

三枚目のアルバムでメジャーデビューするが、まだどこかで四人の立ち位置を手探りしていたところがあっただろう。洋次郎も他の三人を尊重し、その調和の中に自分を埋没させたことがあったかもしれない。

バンドは気心の知れた仲間が集まって始まる。その関係性の中で、傷つけ合わないように、相手に対して言いたいことを飲み込む場合もあるものだ。その分三枚目では、個人の作業である歌詞作りに心血を注いだようにも感じられた。

そして「ＲＡＤＷＩＭＰＳ ４～おかずのごはん～」は新しいアプローチとして、洋次郎がバンド全体を引き受け、自分がいい・悪いの基準になると最初に宣言して作られたアルバムだった。

揺るぎないグリニッジ天文台のような基準。人間がそうあり続けるのには、強靭な意志が必要だ。消耗も激しい。しかし進化を止めない表現者のスキルが、それを望んでいた。

四人は力の限りを振り絞って最高傑作をものにした。アルバム一枚ごとに巨大な変貌を遂げてきたバンドの、完膚なきまでの大傑作だった。

あまりに完成度の高い作品だったが故に、もうこれ以上振り絞るのは無理だろうと思わざるを得なかったのだ。そう思っていたのは、チームの中でも僕だけではなかったはずだ。

後にキャンペーンで桑と洋次郎が札幌に行き、「夢チカ18」という音楽番組のインタビューを受けた時、番組プロデューサーの福屋渉さんがこんな質問をしてきた。

「RADWIMPSの紙資料はいつも興味深くて楽しみにしてるんだけど、〈解散する前に聴いてみてください〉ってビックリしたんだよ。解散するわけじゃないんでしょ？　スタッフにこんなこと書かれて、メンバーはどう思ってるの？」

桑は、「せっかくいいところまで来たので、解散はまだしたくないです」と言い、洋次郎は、「全てやり切ったほどすごいって意味だと思うので、僕は嬉しいです」と答えた。

職人気質の武田と、求道者のような智史

二〇〇六年十一月二十三日、札幌KRAPS HALLでの「HTB 夢チカLIVE VOL.24」に出演が決まっていたので、洋次郎単独で動いていたキャンペーンに、後から桑と武田と智史が合流した。

やはりメンバー三人がやってくると、洋次郎は嬉しそうだった。

会場に入ってリハーサルも終わり、お弁当でも食べようかと楽屋に行ったら、武田がいない。会場を見ると奥のテーブルに楽譜を広げ、ベースを抱えて椅子に座っていた。

何をやっているのだろうと、不思議に思った。

「武田、お弁当来たけど食べない？　どうしたの、こんなにたくさんの楽譜」

「ああ、これね。明日、試験なの」

「大変！　そうか、音大だから実技もあるんだね」

「うん、俺下手だから練習しないと危なくて」

音大のジャズ科だから、エレキベース用のメソッドなどがあるのだろうか。複雑に細かい音符が、びっしりと並んでいた。

札幌のライブを終えて、番組スタッフとともに打ち上げに突入した。

僕や洋次郎、塚ちゃんにとっては、二週間出かけっぱなしのキャンペーンが遂に終わる夜だった。長い旅から明日、帰るのだ。

「二週間、ホントによく頑張った。お疲れ様！」

僕たちは元気良く乾杯した。

打ち上げが終わって、番組スタッフに挨拶をして店を出た。桑もお酒を飲めない智史も頬（ほお）を上気させ、冷んやりとした空気に気持ち良さそうにあたっている。

「二週間も頑張ったんだから、もう少し行こうよ」と洋次郎。

すると塚ちゃんが、こう言った。

「ナベさん、ちょっと武田をホテルに送ってまた戻ってきますね」

明日の試験に間に合うように、朝一番の便に乗って東京まで帰るそうだ。

「明日は授業がある日だけど、無理。休む」

洋次郎と智史が言う。

武田は、華やかなロックバンドの、イケメン・ミュージシャンとして見られているところもあるのかもしれないが、彼はそんな一面とは裏腹に、大変真面目でしっかりとしている人でもある。

バンドが忙しくなって他のメンバーが大学中退に踏み切る中、武田だけが大学を卒業した。

若い頃は、すごく痩せているのに食いしん坊でお酒もよく飲み、ちょっと不思議ちゃんのような印象があった。RADWIMPSには最後に加入したメンバーだし、なんというか「末っ子感」のようなものさえあった気がする。

一方、かなりの職人気質でもある。

手が汗ばみすぎて楽器が弾きにくいからと、高校生が汗を止めるために汗腺を切るだろうか。

デビューの頃の取材では、もしRADWIMPSに入らなかったら、音大を出てどこかの楽器メーカーに入り、楽器職人になりたかったと語っていた。

そして相棒の智史には職人気質の武田を凌ぐほど、求道者のようなところがあった。絶対的な「自分が叩きたいドラム」のイメージがあり、そこに近づくためにはどんなことにでも挑戦してみる。

「RADWIMPS 4～おかずのごはん～」のレコーディング中、スタジオでドラムを叩いて戻ってきた智史とこんな会話をしたことがある。

この頃彼は、ヒートテックにはまっていて、暖かくて気持ちいいからとよく着ていた。僕の隣に座って、着ていたセーターを脱いだ。

「やっぱり暑いですね、ヒートテックにセーターは」

「細い！　そんな細い体で、よくあんなパワフルなドラムを叩けるものだ」

「ドラムはある程度、体重があった方がいいという説もあるんですけど、僕は太る体質じゃないから、筋肉や関節をどう効率良く動かせるか勉強してるんです。なかなか難しいんですよね」

僕にはすぐに理解できなかったが、腕をイメージどおりに動かすためには、鎖骨から肩甲骨などの関節の仕組み、それを取り巻く筋肉の構造なども把握する必要があるようだ。

「腕が動く時、付け根部分の肩が大きく動いて、肘、手首、指先とだんだん細かくなっていくでしょう？　ムチのように全体をしなやかにコントロールして、スティック先端のスピードにつなげるのが理想なんですよね」

楽器は人間が動かすものだから、体がどう動くかで音に大きく影響が出ることは分かる。特にボーカルは、体を楽器のように響かせるものだから、そういう勉強をする人も多い。ただ、僕の周りには二十歳くらいのドラマーで、筋肉や関節の学術書のようなものまで読んでいる人はいなかった。

札幌でのライブを終え、翌日東京に戻った。

次の日には、ROCKIN'ONのイベント「JAPAN CIRCUIT」に出演した。

対バンの中に、東芝ＥＭＩの先輩、ＡＣＩＤＭＡＮがいた。

イベント全体の打ち上げがなかったので、それぞれのバンドは個別に食事をしていた。

そのうちなぜかＲＡＤＷＩＭＰＳの打ち上げ場所に、ＡＣＩＤＭＡＮのメンバーが遊びに来るということになった。

ＡＣＩＤＭＡＮのギター・ボーカルの大木伸夫が、メディアのアンケートで「最近気になるバンド」にＲＡＤＷＩＭＰＳの名前をあげてくれていたこともあって、みんなで喜んでいた。

この時の食事会には、洋次郎のお父さんもいらしていて「ナベさん、ＡＣＩＤＭＡＮいいね、すごく良かったね」と語っていた。簡単にお世辞など言わない方なので、本当に良かったと思っているのが伝わってきた。

まさかの本人合流で、洋次郎のお父さんと僕とACIDMANのメンバーが語り合うという不思議で素敵な打ち上げとなった。

「お父さん、あなたの息子さんがいかに素晴らしいアーティストなのか、親御さんだけに近すぎて分かりにくいのかもしれないですよ」

「大木さん、洋次郎はまだまだこれからですよ。若いですし」

そんな会話の向こうで、RADWIMPSのリズム隊とACIDMANのリズム隊が乾杯していた。

「武田くん、何飲んでるの？」

「白ワインです」

「なんでワインの横に味噌汁があるの？」

「さっき頼んだんですよね」

「味噌汁とワイン好きなの？」

「い、いえ。そういうわけでは」

「味噌汁にワイン入れて飲むの？　ご馳走しようか？」

「い、いえ。そういうわけでは。すみません、勘弁してください」

お客さん全員と上を目指すライブ

「ＲＡＤＷＩＭＰＳ ４～おかずのごはん～」は、前作から十ヶ月後というハイペースで十二月六日にリリースされた。

発売日には、ＣＤショップを回った。どこのお店でもたくさんの人が試聴機で聴いてくれていて、本当に嬉しかった。僕もこうやって、タワーレコードの試聴機でＲＡＤＷＩＭＰＳに出会ったのだ。

ＣＤを手に、レジ前に並んでいる人も見た。お礼を言いたいくらいだったが、気持ち悪がられると思ってやめた。

オリコン初登場五位にランクイン。異例のロングセラーとなり、大ヒットを記録した。

社内外のたくさんの人から、お祝いの言葉をかけてもらった。会社からも、それなりのボーナスが出た。でもなぜか特に、感慨はなかった。

息を詰めるようにして作ってきた爆弾は点火され、見事に大爆発していた。あまりに勢いよく燃えていたため、煙の中にいて周りが見えなくなっていたのだろうか。

それともやり切って、力を振り絞ったバンドのこれから先を思うと、浮かれてはいられないという気分だったのだろうか。

Zepp Tour「ソナタと行く冬のツアー」がスタートした。

アルバムを四枚も出したバンドは、ライブも格段に進化していた。演奏のスキルだけではなく、演出面でも大きく成長していた。

ここでも洋次郎は会場全体の一体感を作り出すべく、そこかしこに気を配っていた。

メンバーに対しては「演奏中下を向いて楽器ばかり見ないように」、「もっとお客さんとコミュニケーションを取るように」と、指示していた。セットリストはもちろん、音響や照明など全てを注意深く確認していた。

「お客さん全員と上を目指そうよ。一人も置いてきぼりにしないように。チケットも取りにくいみたいだし、もう二度とうちらのライブを観ない人がいるかもしれない。そんな人にも、いいバンドだったなって思ってもらおうよ」

会場では、十五時頃からサウンドチェックとリハーサルが始まった。

僕はお客さんのいないフロアで、それを観る。

好きなバンドのリハーサルを観られて、そのあと本番も観られる。ライブが終わったらそのバンドのメンバーと各地の美味しいものが食べられる。しかも全てが仕事の一環なのだ。

アルバムは売れ続けていたし、ライブは素晴らしく、チケットは売り切れていた。

ツアーってなんて楽しいんだろうと、無邪気に思っていた。

そこはかとない不安もあったが、見て見ぬふりをしていた。

ツアー先での食事。こうやって洋次郎も、たくさん写真を撮っている。節制して、洋次郎だけお酒を飲んでいないのがわかる。最近はもっと気をつけていて、食事はホテルの自室内にて。

23 パリで解散

彼らの音楽を聴いていて、この先に行くのは大変だと思ったのは、初めてではなかった。いつもそう思ったけれど、それはまた次の新曲を聴くたびに更新されてきた。

初めてそう思ったのは、十九歳のＲＡＤＷＩＭＰＳが作ったシングル「祈跡」を聴いた時。セカンドアルバム「ＲＡＤＷＩＭＰＳ ２～発展途上～」を聴いた時もそうだった。アルバムには「愛し」という曲がある。

「祈跡」では生命の、「愛し」では恋愛の究極を歌ってしまったと思った。

普通のアーティストなら何年もかけて成熟した先にたどり着くような歌を、メジャーデビュー前にさらりと「歌ってしまった」、ブレイクする前に「歌い切ってしまった」と感じたのだ。

その頃、Fm yokohamaの後の定例食事会で海鮮サラダを食べながら、洋次郎にこんな話をしたことがある。

「『祈跡』と『愛し』って、究極だと思うんだ。命と恋愛の極みを歌ってしまったら、もう歌うことないんじゃないの？」

「そんなことないよ。いろいろあるよ」

洋次郎は、箸を動かしながら笑っていた。

「極みの先があるってことなのかな。その先に行くってことなの？」

「現時点での極みでも、時が経てば状況も変わるでしょ。その時々で思いはいろいろあるよ」

「そんなもんかなあ」

そんなもんだったのだ。

「ＲＡＤＷＩＭＰＳ　３～無人島に持っていき忘れた一枚～」で遥かに前作を凌駕し、さらには「ＲＡＤＷＩＭＰＳ　４～おかずのごはん～」を作り上げてしまった。

しかしとうとう、今度こそ、この先に行くのは大変だと思った。

今回のアルバムは、「愛を叫ぶ装置としてのＲＡＤＷＩＭＰＳ」の究極であり、最終形態にも見えた。

洋次郎も、このまま四人で作り上げる限界を感じていたようだ。

インタビューで次回作のことを聞かれた洋次郎は、こう語った。

「新しい何かを持ち込まないと、次に行くのは難しいかもしれない」

ドキリとした。

もう「次」を見据えているし、「次」が困難な道になることも分かっている。

「新しい何か」が、何を意味しているのか、インタビュアーは聞かなかった。聞かない方がいいと思ったのだろう。

僕も、聞こえていないふりをした。

四人でできることは、全てやり切ってしまったということなのだろう。

そのくらいに「RADWIMPS」が詰め込まれたアルバムだった。

解散が決定する場所に、居合わせたくなかった

塚ちゃんから電話があった。

「ツアーの打ち上げで洋次郎が、みんなでパリに行かないかって言ってるんです」

「パリ？　パリ行くの？」

その頃、洋次郎のご両親は、仕事でパリに住んでいた。

「パリで解散するかもしれないから、ナベさんにも来てもらいたいって、洋次郎が言ってるんです」

「解散？」

アルバム完成直後、「解散」の言葉を最初に持ち出したのは僕だが、それは紙資料に書いた半分冗談のようなコメントだった。

「大傑作！」と世の中に絶賛される中で、メンバー、スタッフみんなの間には、次の場所はどこだ？という空気が立ち込めていた。

そんな空気を振り払うために、「みんなでパリに行ってみよう」だったのかもしれないし、それさえも振り払えないから「せめてパリに行ってみよう」だったのかもしれない。

「解散なんて。俺は、絶対に行かない」と返した。

解散が決定する場所に、居合わせたくなかった。

自分で探して見つけた大好きなアーティストと、ゼロから一緒に歩んでみたい。その夢のために頑張ってきたのに、軌道に乗ったとたん解散だなんて、そんな話があるものか。

一方では、いつ解散するか分からないと、メンバーが十九歳の頃からそう思っていた。

洋次郎が時折醸し出す雰囲気から、そう感じていたのだ。突然ふっといなくなってしまうのではないかと。

英語が話せて、頭もいいし、性格も良く、みんなに好かれる。何でもできてしまうからどこにでも行けるし、新しいことも、すぐに自分のものにしてしまう。興味の対象が変わったとしても、またその世界で成功するに違いない。

だからこそ、バンドにしがみつく必要がない。

「RADWIMPS 4～おかずのごはん～」が、世の中に熱狂的に受け入れられている最中にも、洋次郎はこんなことを言っていた。

「万が一子供でも出来たら、こんなことやってられないよ。音楽みたいな不安定なこと。就職だよ、就職しないと。ナベさん、その時は頼むよ」

冗談ではなく、本気でそう思っているようだった。

最初に返事をしたとおり、僕はパリに行かなかった。

パリに行って、解散を止めるべきなのか、果たして自分に止められるのだろうか。

もちろんいろんなことを考えはしたけれど、僕にできることはないような気がしたのだ。バンドを続けるのは、自分ではない。

続けるのはバンドのメンバーで、それを支えていくのが自分だ。

改めて自分の立ち位置が明確になったような気がした。

信じて、委ねる。託されたものは、全力で受け取る。

素晴らしい作品と引き換えに損なわれたもの

バンドは、解散しないで戻ってきた。

パリで何があったのか、今も詳しく聞いていない。

塚ちゃんが、「おみやげです」と、エッフェル塔の形をしたガラスの瓶に入ったウイスキーをくれた。いまだに栓を開けずに飾ってある。ずいぶん蒸発してしまったそのウイスキーは水時計のように歳月を感じさせる。

「パリどうだったの？」

「結局みんなバラバラにパリに入って、それぞれ別々に過ごして、最終日くらいに全員集まってご飯食べたくらいでした」

「解散の具体的な話は出なかったの？」

「出なかったですが、わりと重い雰囲気でしたねえ。正直、ナベさんにも来てほしかったです」

そんな話を聞いただけだ。

パリで何があったのか、なぜもっとみんなに聞かなかったのだろう。

聞いても仕方ないような気持ちがしたからだ。パリに行かなかったのと、同じ理由だ。

バンドが抱えている問題は、表面上では分からないほど、深いところに横たわっていた。素晴らしい作品を発表するのと引き換えに、損なわれたものがたくさんあった。

柔らかくて温かくて、大切にしてきたもの。

いつもそこにあったもの。

そういうものから順番に、損なわれていく。摩耗するように擦り切れてしまうのだ。

解散を踏みとどまっただけで、抱えている問題はきっと何も解決していない。

かつて心配したように、洋次郎の孤独が深まっていた。洋次郎にしか分からず、洋次郎にしか解決できない問題。

それは、「次」を見つけるということだ。

メジャーデビューの翌年には早くも、スタッフがどうしようもできないところまでバンドは昇り詰めてしまった。

亀裂を抱えていたが、それは外からは見えなかった。

RADWIMPSはまるで何も変わらずに、RADWIMPSのままでいるように見えた。解散を考えるほどひび割れているようには、見えなかった。

シングル四枚、アルバム二枚をリリース。

そのあいだにツアーを二本。

忘れることのできない、壮絶で偉大な、二〇〇六年となった。

24 横浜アリーナワンマン

二〇〇七年三月より本格的なツアー「RADWIMPS TOUR 2007 春巻き」がスタートした。

十カ所十五公演は、あっという間にソールドアウト。

「観たくても観られない」「最もチケットが取りにくいバンド」ともいわれ、RADWIMPSは大人が知らない社会現象のようになっていった。

前アルバムのツアーでは、アンコールで演奏された「ふたりごと」が、このツアーのオープニング曲となった。洋次郎にスポットライトが当たり、大歓声の中「今からお前に何話そうかな」と始まると、アルバムだけではなく、ライブのオープニングのことも考えて、この歌詞を作ったのだろうかと思った。

アルバムが未曽有のロングセラーを続ける中で行われたツアーは、圧倒的な全能感に包まれていた。一年間に出した二枚のアルバムで、成功は確かなものになっていた。バンドは、時代の最先端にいて輝きを放ち続けていた。

初めてツアートラックのボディに、ジャケットを印刷したのもこのツアーである。

ライブハウスの頃はメンバーが手持ちで楽器を運んでいたので、これを見て、バンドが大きくなったことを実感した。嬉しくて、たくさん写真を撮った。

初のライブ映像作品「生春巻き」のリリースを決め、このトラックの写真をジャケットにすることになった。

ジャケットの打ち合わせに僕は行けなくなってしまった。撮影の日時を後から聞いて、指定された場所に向かった。

例によって、デザイナーは佐々木、カメラマンはセクシーの布陣である。

ロケ場所には、ツアートラックが運ばれてきていた。

ちょっと早めに行って、声をかけた。

「おはよう、打ち合わせ行けなくてごめんね」

「いえいえ、よろしくです」

佐々木もセクシーも、にこにこ笑っている。

メンバーがやってきた。

洋次郎が嬉しそうに、僕に近づいてくる。

「おはよう。ナベさん、あっちの車に制服が置いてあるから、中で着替えてきて」

「制服？」

みんなが笑っている。佐々木が僕に説明してくれた。

「ナベさんが来られなかった打ち合わせで、ツアートラックに落書きをしている人がいて、それをガードマンが怒っている写真を撮ろうということになったんです。そうしたら洋次郎君が、ガードマンをナベさんにやってもらおう、撮影の当日までナイショにしておこうって」

車の中には本当にガードマンの制服が置いてあった。

僕は身長が洋次郎と同じなので、サイズも揃えやすかったのだろう。

そんなジャケットでも、映像チャートで一位を記録した。

今日がひと区切りで、次から新たな場所に向かう

そして四人が出会った場所、横浜アリーナでのワンマンライブが決まった。

「セプテンバーさん」の九月三日に合わせたかったのだが、その日会場には別なイベントが入っていたため、八月三十日に決定した。

そのために「セプテンバーまだじゃん。」と名付けられ、すぐにソールドアウトした。

ライブの当日、思い出深い横浜アリーナに向かった。

初めてRADWIMPSを観に行ったコンテスト「YHMF」の時にはガラガラだった、駅から会場への道は、RADWIMPSのTシャツを着て首からタオルを下げた人で溢れていた。

スタッフパスを首にかけ、会場の中に入る。

楽屋周辺は、いつもスタッフの活気に溢れている。みんなに挨拶をして荷物を置き、アリーナに入った。

照明や楽器のチェックが行われている。

誰もいない客席を見渡す。観客のいない客席は、会場を行き来するスタッフを、「お手並み拝見」という表情で眺めているように見える。その広い空間に、チェックが続く照明や音響が吸い込まれていく。

何時間後には、ここが満席となる。こんなに広い会場を埋めるほどの人たちが、RADWIMPSだけを観に来る。横浜アリーナをソールドアウトさせるなんて、現実感がなかった。

リハーサルの時間となり、ステージにメンバーが出てきた。洋次郎がマイクを手にする。

「初めての横浜アリーナワンマン。良いライブに、良い一日にしましょう。よろしくお願いします！」

本番同様の、熱気に溢れたリハーサルだった。

ステージの前で立って観ていたら、善木さんがやってきた。

「ナベさん、ステージに上がって、記念写真撮りましょうよ」

「いいんですか？」

善木さんがすたすたとステージに上がっていくから、ついていった。

ステージに昇り、ドラムセットの前で記念撮影。ちょうど横にいた、武田がシャッターを押してくれた。

いよいよ横浜アリーナが開場した。

たくさんのファンの笑顔を、入り口のロビーに据えられた関係者受付からずっと見ていた。いつまでも、見ていたかった。

横浜アリーナのロビーは天井が高く、両サイドに二階に行くエスカレーターがある。

ＲＡＤＷＩＭＰＳのＴシャツを着たファンが、次々と二階に運ばれていく。

グッズを売っているブース前には、長い列が出来ている。わいわいと、嬉しそうな声が聞こえてくる。

しばらくしたら、洋次郎のご両親が現れた。

この日のために、フランスから帰ってこられたのだ。

お父さんは、白いパナマ帽、白いジャケットに白いパンツ。夏の陽射しに、サングラスの縁が光っていた。

カッコいいなと思っていたら、僕に近づきサングラスを外した。

「とうとう、来たねえ」

笑いながら力強く握手をして、ハグしてくれた。

突然、涙が出そうになった。

「とうとう、来たねえ」の言葉が、今までの道のりを思い起こさせてくれた。

高校生のＲＡＤＷＩＭＰＳが出た、横浜アリーナ。

四人が出会っただけではない。

ご両親、スタッフ、友人たち。後に出会う全員が、あの日、この会場にいた。

確かにここから始まったのだ。その後は地下のＣＬＵＢ24ＷＥＳＴからの階段を一段ずつ昇り続けて、とうとう横浜アリーナを、自分たちのファンで埋め尽くしに帰ってきた。

今日がひと区切りで、次からは新たな場所に向かうことになるだろう。

初めてのアリーナワンマン。ライブは、バンドの勢いで全てをなぎ倒していくような爽快感のあるものだった。その勢いはまたたく間に会場全体を飲み込み、ＲＡＤＷＩＭＰＳの歌を一万人を超える観客が歌う声を、僕は初めて聞いた。

「横浜アリーナでワンマンライブをするなんて、夢のような話で全く実感がない。ここに一万人以上の人がいるなんて、信じられない。信じていない」

洋次郎のＭＣに、みんなが笑った。

最後に、デビューしてからずっと、ライブでは封印されていた曲、「もしも」が演奏された。インディーズで最初に百円シングルとしてリリースされた曲。数え切れないほど何度も聴いた曲。「もしも」を聴きながら、やはりここまでが第一期ＲＡＤＷＩＭＰＳなのだと感じた。

一つ、終わった気がしてしまったのだ。最初に出した曲をアリーナでやって、それまでの歴史に決着をつけた。

バンドとしては、成功を収めた瞬間なのかもしれない。ただ僕には成功したという言葉は、しっくりこなかった。それよりもやっぱり、やり切ったという思いが強かった。やり切った。やり切ってしまった。

このやり切った感は、「ＲＡＤＷＩＭＰＳ ４～おかずのごはん～」が完成した瞬間から、みんなが感じていたものだったはずだ。そう思いながらも、誰もそれについて話してこなかった。

完全無欠のモンスターアルバムは、僕が思い描いていたとおりに世の中とも幸せに結合した。バンドの道のりを山登りにたとえるなら、頂上に到達してしまった感覚があった。

頂上に着いてしまったら、もうこの先に道はない。

2007年、初めての横浜アリーナワンマン。「とうとう、来たねえ」の、忘れられない「セプテンバーまだじゃん。」。ライブハウスから歩き始めて、こんなに広い会場を埋め尽くしたのかと。しばらくこの写真を、パソコンの壁紙にしていた。

今の四人になった最初のアルバム「ＲＡＤＷＩＭＰＳ ２～発展途上～」は、次のメジャーデビューアルバムへとつながっていった。その「ＲＡＤＷＩＭＰＳ ３～無人島に持っていき忘れた一枚～」は、時間があればここに収録されるはずだった「ふたりごと」を起点に、次のアルバム「ＲＡＤＷＩＭＰＳ ４～おかずのごはん～」へつながる道が最初から見えていた。

今は、どこにも道が見えなかった。

どうしたら、この先に行けるのだろう。

打ち上げは、中華街で行われた。

アリーナを成功させ、「やったぜ、俺たち！」と叫んで乾杯してもいい状況だったのに、静かな食事会となった。僕はテーブルごとの柔らかい談笑を、善木さんと紹興酒を飲みながら見渡していた。

メンバー四人もスタッフも、それぞれ楽しそうにリラックスしている。でも僕にはそこに、白いもやがかかっているように見えた。

25

音楽でずっとやっていくために、すごいバンドになりたい

初のアリーナ公演を成功させて、秋を迎えた。

「RADWIMPS 3〜無人島に持っていき忘れた一枚〜」と「RADWIMPS 4〜おかずのごはん〜」の次はどこなのか。

どうやって「次」にたどり着こうとするのかを話したくて、洋次郎と食事に行った。

「パリで解散するかも」と聞いたまま、根本的な状況は何も変わっていないのだから、大きな不安があった。

「こないだ取材で、『三枚目と四枚目のアルバムで、出し切った感覚がある』って言ってただろ？　その感じ、すごく分かるんだけど、次はどう思ってる？　前に言っていた『次に行くために必要な新しい何か』って、見つかったの？」

「五枚目に向けては、まだ漠然としたイメージしかないんだけど、バンドを諦めないアルバムにしたい」

解散は踏みとどまっているようだと、まずは安心した。

「バンドを諦めない？」

「前作までは、言葉のアルバムだったんだよね、きっと。言葉を作っていたのは俺ひとりだから、それでやり切った感覚があるのなら、ＲＡＤＷＩＭＰＳの四人ではまだやり切ってない部分があるんだなと思って」

「そうか、確かに」

「あと昔ナベさんは、『嫌になったら辞めてもいい』って言ってくれたでしょう？　そう思って安心していた部分もあったかもしれなくて」

「マズイこと言っちゃったかな」

「そうじゃなくて、あれにはずいぶん救われたよ。でも、もう決めなくちゃいけないんだろうなって」

「何を？」

「音楽でずっとやっていこうって。ＲＡＤＷＩＭＰＳでやっていく。そのために、すごいバンドになりたい。前のアルバムの延長線上で、次を作ることもできるだろうけど、それは逃げることになって、すごいバンドにはなれない」

これは、「覚悟」である。

「子供でも出来たら、こんなことやってられないよ。音楽みたいな不安定なこと。就職しないと」

こう言っていた洋次郎が、腹をくってＲＡＤＷＩＭＰＳを引き受けたのだ。覚悟を決めたのだ。

覚悟を決めた人間だけが、別人になれる。

世界には自分と他人しかいなくて、お互いは絶対に分かり合えないし、優しいだけでは解決しないことばかりだ。人を傷つけて、自分も傷ついても、生きるしかない。

覚悟を決めた人間だけが、そんな恐怖や孤独から自由になれて、新しい地平を切り拓く。

目深にかぶった帽子の向こうから、洋次郎の目が真っ直ぐ僕を見ていた。

道無き道を進む旅に必要な装備

洋次郎が「バンドを諦めないアルバム」と語った五枚目、「アルトコロニーの定理」への曲作りが始まった。

「RADWIMPS 4～おかずのごはん～」で、バンドとしては到達点を迎えてしまったと感じつつも、次に進むには正面突破に挑むしかなかった。みんなで総力を結集して、前作を超えるアルバムを作る。RADWIMPSにしかたどり着けない、さらなる高みを目指す。

頂上に到達してしまったら、その先に道はない。でも道はなくても前に進もうと、洋次郎は決断していたようだ。

道無き道を進む旅に出る。

そんな旅には、これまでと同じ装備では臨めなかった。

まず洋次郎は今までレコーディングスタジオでエンジニアが使っていた、レコーディングソフト「PRO TOOLS」を導入した。そのソフトを使えば、トラックごとに録音した音源を、自由に編集できる。自宅をレコーディングスタジオに近い環境にして、いつでもアレンジができるようにしたのだ。使うのが難しいので、マスターするまでは、「PRO TOOLS」を動かせるエンジニアが必要だった。そのためエンジニアのスケジュールがないと、作業をしたくてもできなかった。

「誰かいないかな。パッと来てくれるような気を使わなくていいエンジニア。ナベさん、勉強して覚えない？」

「ごめん、俺には難しすぎるよ」

結局洋次郎が自分でオペレーションを修得し、よりスピーディーにイメージを具現化できるようになった。複雑なプロ用ソフトなので、かなり大変だったはずだ。

洋次郎が語った「新しい何かを持ち込まないと、次に行くのは難しいかもしれない」の言葉が、ずっと気になっていた。語った本人も「何か」と言っているのだから、具体的なイメージはなかったはずだ。

振り返って思うのは、「RADWIMPS 3～無人島に持っていき忘れた一枚～」と「RADWIMPS 4～おかずのごはん～」は、対の作品だったということだ。

「RADWIMPS 3」に入るはずだった「ふたりごと」が、二枚を結びつけている。

だからハイペースで制作されて、同じ年にこの二枚はリリースされたのだ。

そしてこの二枚のアルバムで、「愛を叫ぶ装置」としてのRADWIMPSは、完結した。初期衝動は、出し尽くされてしまった。

手元に大傑作があるのに、ぬぐい切れない不安がつきまとっていたのは、そのためだったのだ。

だからこそ先に行くには、「新しい何か」を付け加える必要があった。

仲良く楽しく始めたバンドは、表現者として開花し続ける洋次郎によって、たとえお互いを傷つけ合ってでも前進する音楽集団へと生まれ変わろうとしていた。洋次郎が、というよりも作品が、四人にそれを要求していた。

相手を気遣っての妥協は許されない。大切なのは、彼らにしか作り得ない音楽を形にすることだから。それをやるのは生身の若者四人である。突き詰めていけばいくほど、メンバー間には距離が生まれ、四人の間には空洞のようなものが生まれた。

「PROTOOLS」が、その全てを埋めてくれるとは思えなかった。

それに加えて、表現者として開花し続ける洋次郎自身にも巨大な欠落があった。

「ナベさんが愛してくれたRADWIMPSは、もう終わってしまったよ」の言葉にあるとおり、その欠落が「地上で唯一出会える神様」だったとしたら、もう歌詞に出てくる「君」は、今までの「君」ではない。

「愛を叫ぶ装置」だったRADWIMPSは、どう変化していくのか。

どうやって、違う作り方を編み出していくのか。

難産を極めた「オーダーメイド」

「すごいバンドになるための、遠回り」

洋次郎がそんな思いで挑んだ新曲「オーダーメイド」は、難産を極めた。

この曲は、自宅でアコースティックギターを弾いている時に最初の二行が突然閃き、そのまますする歌詞と一緒に出来てしまったという。

そんなことがあるのだろうかと思ったが、洋次郎ならあり得るだろうなと考えた。今までも何度も、膨大な思考と苦悩の末に、奇跡を呼び込んできたのだから。

初めて歌詞を見た時の正直な感想は、「どうしちゃったんだ⁉」だ。

これは寓話？　おとぎ話？

何度も読み返したし、読むたびに引き込まれていった。

ずっとＲＡＤＷＩＭＰＳは、「僕」と「君」の一対一の世界を究極まで突き詰めてきたけれど、ここでは「僕」と「世界」の一対一を突き詰めようとしているようだった。

ここに出てくる「誰かさん」は、神様なのか？

「地上で唯一出会える神様」を失って、新たな神様を定義しようとしているのではないだろうが、「僕」が対象と向き合う時の純度は変わらずに輝いていたのだ。だからＲＡＤＷＩＭＰＳは、これでまた次に進めると思った。

曲は出来たものの、アレンジが決まらなかった。まだ、次に進むための音楽的な「新しい何か」は訪れていなかった。

四人でリハーサルスタジオに入る。

かねてからそうだったように、洋次郎から「他のパターンない？」と言われ、三人が固まってしまう。

「なんでできないの？」と洋次郎の苛立ちが跳ね、誰かが泣き出してしまう。そして「俺、何様なんだろう」と、洋次郎まで泣き出してしまう。

疲弊する日々が、毎日のように続いた。

そのうちスタジオでは音も出さずに、洋次郎がバンドが目指すものをメンバーや自分自身を励ますように熱心に語るだけの日も増えていった。

その姿は崇高な目標を掲げ、バンドを再構築、再起動しようとしているかに見えた。

ギタートラックだけで数十個以上のアレンジ

リハーサルスタジオでなかなか進展が見られず、メンバーには次までに考えてきてほしいと宿題を出して、洋次郎は寝る間も惜しんで、「PRO TOOLS」と格闘していた。

自宅で際限なく音源を編集できるので、アレンジが多岐に及びまとまらなくなってしまった。ギタートラックだけで、数十個以上あったのではないだろうか。

それをまたリハーサルスタジオで四人で展開し、行き詰まって誰かが泣いた。

スタジオから出てきた洋次郎は、僕とやまちに言った。

「なかなか曲が進まないけど、コード進行とか変えてみようかな。このメロディーにはこんなコードもありだよとか、教えてくれる人に入ってもらおうかな？」

「プロデューサーみたいな人？」

「うん、誰か入れないと、これ以上進まないとこまで来たかも。音楽にはメロディーと和音とリズムしかないのに、よく分からなくなってしまって」

「RADWIMPS 3～無人島に持っていき忘れた一枚～」と「RADWIMPS 4～おかずのごはん～」、対の二作の先に行くには、全てにおいて「新しい何か」が必要だということなのだ。

「コード理論を学ぶみたいな？」

僕が言うと、真面目な顔でうなずいた。

「今まで感覚や根性でやってきたツケが回ってきてるのかな。勉強も必要だなって思うし」

洋次郎が、みんなで何度か飲みに行ったことのあるプロデューサーの名前を挙げた。

「ああ、なるほどね。どんな感じで進むんだろうな。飲んだことあっても、一緒に仕事したことないもんなあ」

やまちが言い、他の三人のメンバーは黙って洋次郎を見ていた。

「軽く電話して、やり方相談してみようか？」

やまちの言葉に、洋次郎がうなずいた。


第三者が入ると、RADWIMPSではなくなる

相談の結果、プロデューサーが洋次郎の家に行き、二人でコード進行や「PRO TOOLS」のデータを見ながら話し合うことになった。

僕は、ここまで来たらそうするしかないと思う半面、不安もあってやまちに打ち明けた。

「こうなると二人のユニットとか、洋次郎ソロみたいになっちゃうのかな。とうとう、来るところまで来ちゃったのかな」

「心配ですけど、様子見るしかないですね。これ以上メンバー四人でやり合ってたら、壊れちゃいますよ」

何日か経って、二人で整理した音源をリハーサルスタジオに持ち込み、バンドのみんなで展開してみることになった。

久々に会ったプロデューサーは、相変わらず元気な人だった。

「ナベさん、久しぶり！　元気だった？　この曲、すごいよね、ホントすごい！　この曲さあ、ラジオでかけるのやめようよ。絶対やめようよ！　発売まで誰も音知らなくて、CD買ってみんな頭殴られたようにショックを受けるってカッコいいと思うんだよね。そうしようよ！」

僕は、彼に制作での悩みを解決してほしいと願っていたので、宣伝のことを言われてとっさに困ってしまった。

そんな僕の様子を洋次郎は見逃さなかった。横に近づいてきて、さらっと言った。

「ごめんね、ナベさん。ラジオのことは、ナベさんが考えたらいいからね」

リハーサルが終わって洋次郎は、僕たちスタッフに告げた。

「スタジオでやってみて、やっぱり第三者が入ると明らかに音が変わると感じた。変わりたくて入ってもらっているんだから当たり前だけど、RADWIMPSではなくなっていく気がした。あの人はプロデューサーとしてはすごい人だと思うので、俺から直接今後の進め方を話してみる」

話す時は二人で話したいと言われ、僕とやまち、善木さんと塚ちゃんは、スタジオから出た。話がうまくいけば良いが、スタッフも交えて相談しようとなる可能性もある。どこかお店に入って、洋次郎からの連絡を待つことにした。

しかしもう深夜だったので、外に出ても店が開いていない。

真っ暗な幹線道路沿いを少し歩くと、牛丼屋が眩しいくらい白い光を放っていた。

「ここでいいでしょう」

善木さんが言って、四人横並びでカウンターに座った。

そのうちに洋次郎からメールが入った。

「話したらすぐに分かってくれて、納得してくれました。もう少し一緒にスタジオ入ってみて、それでも違和感があったら、また四人でやります」

何回かのキャッチボールを続けた結果、また四人だけで旅を進めることになった。

結局洋次郎が大量のトラックを、再度自分で整理し始めた。

現状の四人の限界を感じ、プロデューサー導入にまで踏み込んだが、それでは「新しい」ではなく「別の」何かになってしまうと気づいて、再び四人に戻った。

そして洋次郎の膨大な思考と、全員のいつ終わるとも知れない苦悩の果てに、アレンジは完成した。

洋次郎は、全てを早急にアップグレードしようとしていた。メロディーと和音とリズムの関係にも、自分一人で対峙(たいじ)していた。

彼自身の消耗も激しかったが、その高い意識に向かい合う他の三人は、見るからに消耗していた。

みんながどんどん痩せていったし、あまり笑わなくなった。

いつもこわばった表情で、洋次郎の顔色をうかがっていた。

満身創痍の憔悴しきった状態で、ＲＡＤＷＩＭＰＳは「オーダーメイド」のレコーディングに突入する。

26 一枚の写真

「ＲＡＤＷＩＭＰＳ ４～おかずのごはん～」がロングセラーを続け、マスコミから取材オファーが殺到する中でのシングル制作だった。

ピリピリする状況の中で、「オーダーメイド」のリリース時期には取材にどう対応するか、スタッフ間でも話し合いが行われていた。

善木さんと塚ちゃん、僕とやまちで東芝ＥＭＩの会議室に集まっていた。

ジャクソン・ブラウンのＴシャツを着ていた善木さんが切り出す。

「レコーディングはいつ終わるかも分からないし、『オーダーメイド』のプロモーションどうしましょうか」

「『おかずのごはん』に続く作品で、みんなが注目しているから、やるなら全方位でやるか、一切動かないかのどちらかでしょうね。動かないのが良いように思います。曲のテーマが壮大だから、インタビューで『こういう曲なんです』って説明しないで、聴く人の中で自由に拡がった方がいい」

そんなふうに僕は答えた。

「良いビデオを作って、ビデオとラジオだけで音を届けましょう」

やまちと塚ちゃんも、賛同してくれた。

ピリピリしている原因は、音楽制作の先が見えないからで、ボールはバンド側にあった。スタッフたちは、バンドが出口に到達するのを見守るしかない状況だった。

あまり根を詰めても心配だから、「たまには」と、洋次郎だけを呼んで、話を聞くことになった。今後の相談というのではなく、「今、どんな感じなの？」ということを、リラックスして話そうと。

自宅でも作業しているから、洋次郎宅に近い居酒屋でみんなと待ち合わせた。

少し遅れて来た洋次郎は、ちょっとだけお酒に口をつけてこう言った。

「なかなかできなくてごめんね。たくさんトラックを重ねすぎて、全体を見失いそうになったけれど、もう大丈夫。あとは引き算して、輪郭をはっきりさせる」

その後は、あのパートのアコギをこうして、あのパートはアルペジオを引き立たせてなど、具体的なことを語り始めた。早く戻って作業したいのかと思い、スタッフで話したプロモーションの方向については手短に話した。

「いいと思う」

洋次郎がうなずき、一切のメンバー稼働はなしとなった。インタビューはもちろん、コメントも出さない。

それでも僕は、新しい写真が一枚あれば乗り切れると思っていた。しかしこの一枚の写真のための撮影さえセッティングできなかったのである。

CDをリリースする時に告知で使うメンバーの写真は、店頭、雑誌、ネット他、あらゆるところに使われる。その写真を「RADWIMPS 4～おかずのごはん～」の時のものを流用するのではあまりにもイメージが違いすぎた。

とはいえスタジオにこもりきりのメンバーを、外に連れ出して撮影もできない。苦肉の策として、カメラマンをスタジオに呼んで、レコーディング中のメンバーを撮ってもらおうとした。しかしそれさえも、「他人が入ると、気が散るからやめられないか」とのことだった。

「写真は新曲のためにも必要だ」と主張すると、メンバーが「スタジオでナベさんが何気に撮るなら、あまり気にならないからいい」と言っていると聞いた。

僕は写真が好きで、よく自分のカメラでメンバーを撮影していた。趣味の世界だけれども、今までに何千枚と撮影していたのだ。

一つのフレームに収まってくれない四人

カメラを持って「オーダーメイド」のレコーディングスタジオに行ったものの、スタジオは広く、メンバーはそれぞれ別のソファに座っていて、なかなか四人揃ってフレームに収まらない。

今までだったら洋次郎が、「あ、ナベさんカメラ持ってきたね。じゃあ、はいポーズ」なんておどけた時もあったが、今はひたすら作業に集中している。

ようだった。

「ちょっとみんな撮影するから集まって」と言い出せる雰囲気でもなかった。

右手に持っているカメラは、誰の目にも見えていないようで、カメラのレンズも全員を無視しているようだった。

僕は両者を取り持つように、誰かが何かしゃべった時に、「いいね、それ」などと、ぎこちなく話しかけてシャッターを押したりしたが、メンバーの横顔や後頭部が写るだけだった。

洋次郎は、エンジニアとともに膨大なデータと格闘していた。ギターがメインのアレンジだったので、アルペジオやコードカッティングのパターン、音色の一つ一つを組み立てなおし、巨大な建築物を作っていくかのようだった。

混乱や葛藤もあり、作業は中断を繰り返した。

ギターパートを洋次郎と桑が話し合っている間、リズム隊の武田と智史は、黙って行方を見守っていた。黙っていることで、ギターの二人を支えていた。

洋次郎の頭の中に鳴っている音は、他の誰にも聴こえていなかった。洋次郎自身も、頭で鳴っている音が何で出来ているのかと、模索していたのかもしれない。

以前はあんなに冗談や笑顔で溢れていたスタジオは、音楽が止まると沈黙があるだけだった。

テーブルにはたくさんの楽譜と鉛筆、ギターのピック、チューナー、コーヒーや缶ジュース、誰かが買ってきたお菓子。全部が置き去りにされたみたいに宙ぶらりんで、偽物のように見えた。

いつ終わるのかも分からない時間が続いた。

仲が悪かったり、喧嘩してたりしていたわけではない。全員が極度の集中力で、次の場所を目指して音楽に向かっていた。

一枚の写真も撮れないまま、深夜になった。

もう四人の顔を別々に貼り合わせて一枚の写真にするしかないかと諦めかけた時、スタジオのブースの中にメンバー四人が入った。

「リズム録り」といわれる、ギター、ベース、ドラムが一緒に演奏して、曲のベーシックとなる部分を録る作業だ。

さっと僕も、一緒に入る。

メンバーが、ブースにある椅子に座る。

カメラを構えて床にしゃがんだら、四人が同じフレームに収まった。

すぐに録音が始まってしまうので、その前の一瞬しかない。

ところが調整のため、エンジニアがずっと洋次郎の前に立っていて顔が写らない。

早くどいてほしいと思ったけれど、エンジニアがブースを出てコントロールルームに戻ったら、録音が始まってしまう。

エンジニアがカメラのフレームから出た瞬間、四回だけシャッターを押せた。録音が始まる前に、スタジオを飛び出した。ドアを閉めた瞬間にカメラを確認し、写真が撮れているのを見て安堵（あんど）した。

写真をまじまじと眺めながら、この写真が今のＲＡＤＷＩＭＰＳの状況について、あまりに多くのことを物語っているように感じた。

この日のスタジオが終わり、写真を洋次郎に見せた。

「写真、これ使うよ」

「分かった、ありがとう。よろしくね」

「すごい曲が出来たね。あとは録るだけだね」

「いや、まだ出来てない。歌詞の最後の一行が、ずっと出てこないんだ」

終わりのないエフェクト処理

録音された音源は、全てが徹底的に吟味された。

方向性が決まった後も、微調整が延々と繰り返され、ゴールがどこにあるのか分からなくなっていった。

ギター、ベース、ドラムの音色、音像を決めるのにも、今までの何十倍もの時間が費やされた。一度決まったものも次の日に変更され、また検討が行われた。

浮遊感のあるエフェクトやボーカルの処理は、いつまでも決まらないのではと思われた。

こんなこともあった。

歌詞でいうと、「そう言えば　最後にもう一つだけ『涙』もオプションでつけようか?」の前に、エフェクトされたドラムのフィルがある。

「この部分、エフェクト処理したいんだけど、ちょっと割れたディストーションもあって、リバーブもある感じで」

「オーダーメイド」レコーディング中の写真。洋次郎の前に立っていたエンジニアがやっと動いたので、これで4人を撮れる！　と思ったら、武田と話し始めてしまった。この人、ホントにいい人なんだけど、この時ばかりは「早くどいてー!」と思っていた。ふう。

洋次郎がエンジニアに声をかけ、音色が変わっていく。

「洋次郎のイメージ、こんな感じ？」

「いや、もう少し歪んだ方がいいかな」

「こんな感じ？」

「あ、それだと歪みすぎ」

「これだとどう？」

洋次郎の前に座っているエンジニアが振り返る。

「うん、今度ちょっとリバーブ減らそうか」

「これは？」

「うーん、違うな、ごめんさっきの歪みすぎだと言ったやつ、もう一回聴ける？」

「戻すからちょっと待ってて」

「ごめん」

「はい、これがさっきの」

「あ、やっぱり歪みすぎだった。さっきのリバーブ減らしたやつをもう少し歪ませたらどうなる？」

「はい、それがこれ」

「これにもっと、コンプレッサーかけて音を潰してみる？」

「はいよ」

「あ、ごめん、それ潰しすぎ、潰れちゃったな。歪みとって、コンプだけにしてみたら？」

「はいよ」

「これだと膨らまないな。ごめんごめん、ホントに悪いんだけど、一番最初のやつ聴ける？」

今までだったらパッと決まっていたものが、いつまで経っても決まらなかった。エフェクト処理が延々と繰り返されるうちに、スタジオの空気はどんどん重くなっていった。

エンジニアも消耗していたが、洋次郎のリクエストは止まらない。

「今度、ＥＱ変えたパターン聴いてもいい？　さっきよりハイを上げたやつ」

イコライザーで高音を上げた、鋭いドラムが響く。

「それハイ上げすぎ」

「今度は下げすぎ。ほんのちょっとだけ戻して」

「これでどう？」

「いいね！　これいいね！」

洋次郎が大きな声で言い、エンジニアが「やった、これか！」と笑顔で振り向いた。ここまで来るのに数時間はかかっていた。

僕たちスタッフや他のメンバーも全員、やっと決まったかと洋次郎を見た。しかし次の言葉で沈黙した。

「近づいてきたよ！」

スーパーマンが集まって核融合を起こすバンド

「オーダーメイド」一曲にアルバム一枚分のエネルギーが注ぎ込まれた。

難産に難産を極めた末にオケは完成し、歌詞の「最後の一行」は、歌を録る直前にやってきて、曲は完成した。

「バンドを諦めない」とはどういうことなのか、改めて考えた。

RADWIMPSを続けていくということなのだろうが、続けられないと思ったからこそ、あえて「諦めない」と言うのだ。諦めたくないのだ。

洋次郎に、理想のバンド像について聞いたことがあった。

「四人それぞれがスーパーマンのような力を持っていて、それが集まってとてつもない核融合が起きるバンド」

RADWIMPSは、そうなれるのだろうか。

もしなれなかったら、どうなるのだろうか。

次への扉を開けるための「新しい何か」は、バンドにとって必要なものだったのだが、洋次郎も自身を必死にアップデートしようとしていた。

「PRO TOOLS」やコード理論を学びながら、作詞者、作曲者、プレイヤーとしても、それぞれが自分の中にいるバンドメンバーのように、限界を超えてスーパーマンになろうともがいているように見えた。

二〇〇八年一月二十三日にリリースされた「オーダーメイド」は、バンド初のオリコン初登場一位となった。

オリコンから電話がかかってきて、どういう売り方をしたのかと詳しく聞かれた。

「特に何にもしてないけれど、何か記事にするんですか？」

「いろいろな芸能事務所から連絡があって、初登場一位のＲＡＤＷＩＭＰＳって誰だ？　何のタイアップだ？　どんな売り方をしてる？　と、質問責めなんですよ。各事務所で一斉に、詳しく調べろ！　って、号令かかっているらしいですよ」

僕はずっと「大型タイアップ＝大ヒット」ではないやり方と言い続けてきたわけで、それが現実になった瞬間だった。しかし緊張が持続するバンド内の空気に、あまり喜ぶこともできなかった。

個人的なことだが、この頃、母が亡くなった。その時、洋次郎からメールをもらった。

「お母さんが亡くなったって聞きました。お会いすることはできなかったけれど、ナベさんを産んでくれたおかげで、オレはナベさんと出会えました。出会わせてくれて、お母さんに感謝しています。ご冥福をお祈りします」と書いてあった。

「一緒に仕事している友達が、こんなメールをくれたよ」

憔悴していた父親に見せた。

父は「優しい子だな……」と呟いて、ぼろぼろと泣いた。

27 桑の丸坊主

桑がある日、バンドを辞めたいと言い出した。

ついに来たかと思ってしまった。決定的な何かが起きたわけではなく、きっと少しずつ少しずつ、降り積もっていったものがあったのだろう。

とっさに、花粉症を想像した。人それぞれに花粉の許容量があって、それを超えると発症するという話。

RADWIMPSはいつも、人それぞれの許容量を超えたところまで行って、作品を生み出していた。いつかは疲弊してしまうから、それをずっと続けることはできない。

バンドは曲作りのために、本当にストイックに、四人でスタジオにこもっていた。あの雰囲気であれば、いつかこんなことも起こるだろうと考えていた。

桑のことが心配だった。残りの三人のことも。洋次郎が、一番責任を感じているかもしれない。

もし本当に辞めてしまったら、バンドはどうなるのだろうか。遠くでいつもチカチカ光っていた「解散」の文字が、視界いっぱいに広がっていた。

後に、五枚目のアルバム「アルトコロニーの定理」完成後のインタビューで、洋次郎は制作中の時間をこう振り返った。

「もう一度、RADWIMPSの音を突き詰めたくて。スタジオで何度も、音も出さずにメンバー四人で話をしました。自分たちが死んだ後も曲は残るんだから、悔いのないものにしよう。モネの『睡蓮』のように、百年後も残るものを作ろう。曲に対して、正解のアレンジは一つしかない。たった一つの正解にたどり着くまで、とことん探そう、と話しました。誰かが音を出した時、なぜその音を出そうと思ったのかも、話し合いました」

モネの「睡蓮」のような、絶対的な作品。

それを本気で作ろう。作らなければいけない。

洋次郎は強い意志を持ち、バンドを何段階も高い場所に連れていこうとしていた。

しかしメンバー間でのいつ終わるとも知れないイメージのキャッチボールは、金属疲労を生んでいた。わずかな負荷でも繰り返し受けることで小さなひび割れが発生し、それが少しずつ進行し最終的に破壊に至ってしまうのが、金属疲労だ。

メジャーデビューの頃から繰り返されてきた、洋次郎の「他のフレーズある?」という言葉。バンドを高みに連れていくためにその言葉はあった。

そのたびに彼は、他の三人が昇ってくるのをいつも辛抱強く待っていた。

何度も繰り返されてきた「なんでできないの?」。そしてその末に泣いてしまう四人。

「正解」のフレーズを探すやりとりも、「すごいバンドになりたい」という洋次郎の「覚悟」のために、熾烈を極めるようになっていった。

「違う、違う。言ってること分からない？　それが桑の全てなの？」

「覚悟」を決めて、桑やバンドの未来のために、自分を傷つけてでも厳しく接する洋次郎。対してこの時はまだ、桑には洋次郎のような覚悟がなかったのかもしれない。

自分がみんなの足を、引っ張っている

そんなスタジオの繰り返しに、桑の心と体が、きしんでいた。スタジオに行こうとすると、足が動かない。

洋次郎のように寝ても覚めても音楽のことを考えられるのも、才能だ。森の中から迷わず出てくる人もいるし、同じ場所をぐるぐる回ってしまう人もいる。どちらが良いとか悪いとかではない。いろいろな人がいる。

洋次郎が家でも様々な課題と格闘している間、桑も「次のスタジオまで」に、いくつかの宿題を抱えることになる。ギターのコードカッティング、別なパターンはないだろうか。ギターソロは、音符が多すぎるから整理しよう。宿題がクリアできていない時、スタジオに行く足が重くなるのも容易に想像できる。

きっと桑はこう思っていたのだ。

他の三人についていけない。

自分がみんなの足を、引っ張っている。

みんなが自分のために、迷惑している。

そんな思いは日に日に大きくなっていき、行動を支配してしまう。

足が動かない。外に出られない。

桑も、他の三人のメンバーも、どんなに辛いだろうと思った。

桑が辞めたいと言ったことで、ずっと走り続けてきたバンドが、初めて立ち止まることになった。

いつかは桑と洋次郎の二人で話し合わなくてはいけない

バンドが止まれば、スタッフも足踏みをする。打ち合わせも、まったりとしたものになる。東芝ＥＭＩの会議室に、僕とやまち、塚ちゃんと善木さんで集まる。

テーブルには、うっすら湯気を立てる四杯のコーヒーだけ。打ち合わせの資料などは、何もない。この頃はもう、ＲＡＤＷＩＭＰＳは大きな注目を集めていたので、バンドがトラブルを抱えていることは会社の誰にも言えなかった。しっかりと会議室のドアを閉めて、僕は切り出した。

「その後、桑はどう？」

「このあいだ、智史と武田が、会ってきたみたいで」

塚ちゃんが続ける。

「やはり状況は変わらなくて、『自分はついていけてない。迷惑をかけたくない』と言ってるばかりみたいです」

「洋次郎はどうしてるの？」

「自分が出ていくとまたプレッシャーになっても良くないからと、一歩引いて見守っているみたいですね。智史と武田とは、三人でよく話してます」

「なるほど、今はその方がいい。でもいつか、桑と洋次郎で話さないといけないですね」

やまちが分厚いスケジュール帳を、ボールペンで叩きながら言う。

「二人でいつどんな状況で話すかだね。二人で会っちゃったら、戻るか決裂するか、どちらかに転ぶしかないものね。あ、二人っきりで会わないようにした方がいいのかな」

僕はそう言ったが、善木さんは違う考えだった。

「できれば、二人で会って話した方がいいんじゃないですか」

こんなふうに話しているものの、二人を呼び出して、「さあ、話せ」という状況でもない。二人のタイミングに、時が満ちるのに、委ねるしかないとみんな分かっていた。

長い間話していたけれど、特に進展といえるほどのものはなく、最後にコーヒーを片付けて、「また連絡を取り合いましょう」と言い合って、塚ちゃんと善木さんはリュックを背負って帰っていった。

洋次郎と桑で始まった、ＲＡＤＷＩＭＰＳ。

二人は、人生の半分を一緒に過ごしてきた。

コンテストに応募して、グランプリを獲ってＲＡＤＷＩＭＰＳで食べていくんだと、桑は高校も辞めてしまった。桑は、その後バンドをやろうとしない洋次郎に、「バンドやろうよ」と、何度も連絡を取り続けた。

桑がいなかったら、洋次郎はバンドをやっていなかったかもしれない。

そんな桑が辞めると言うのだから、ＲＡＤＷＩＭＰＳ史上、最大の危機である。

帽子嫌いの桑がニット帽をかぶってきた夜

二人の話し合いはある日、電話で行われた。

その時を振り返って洋次郎は、こう語っている。

「桑からモゴモゴと電話がかかってきて、どうやら謝っているみたいだったので、『お前とは一生友達でいたいから、バンド辞めよう、ＲＡＤＷＩＭＰＳは解散しよう』って言ったんです。そしたら桑が号泣しだして、何言ってるか分からなくなって。ずっと、ううっ、ううって嗚咽しかしなくて。しばらくして嗚咽の向こうから、バンドやりたい、って聞こえてきたんです。何度も何度も、バンドやりたいって」

この後に二人で会って、桑の復帰が決まり、洋次郎が言った。

「これだけお騒がせしたんだから、はいおかえりなさい、というわけにもいかない。坊主頭にでもしてもらわないと」

数日して、善木さんから僕に電話があった。

「桑が戻ってくることになったので、食事でもしませんか。ナベさんとやまちにも、心配かけたお詫びをしたいようで」

　善木さんに指定された、渋谷の居酒屋に行った。絶大な人気を誇るバンドの復活を告げるにはふさわしくないような、狭いチェーン店の居酒屋だったけれど、そんなことは関係なかった。

　RADWIMPSの時計が、また動き出したのだ。

「個室が取れなくて、半個室なんですよ」と善木さんが笑う。

　四人用のテーブルの右側が壁にくっついていて、向かい合ったベンチシートの椅子の後ろも、それぞれ濃い茶色の壁で仕切られている。テーブルの左は通路に面していて、オレンジ色ののれんが、僕たちの顔を隠すように揺れている。

　善木さんが奥の席に座り、やまちがその隣に座った。二人並んで座ると、肩が触れ合うくらいだった。荷物を机の下に押し込んで、僕は善木さんの前に座った。しばらくして、桑がやってきた。

「帽子は嫌い、似合わないから」と絶対にかぶり物を避けてきた桑が、耳あて付きのニット帽をかぶっている。耳あての下には一筋ずつ撚(よ)った毛糸が垂れていて、先端が丸くなっている。

「おお、桑、久しぶり。おかえり。奥に入りなよ」

　僕がいったん外に出て桑を奥に入れ、その隣に座った。

「なんだよ、その帽子」と聞くと、「坊主頭だから」と恥ずかしそうに笑う。

「見せてもらおうじゃねえか」と言うと、あの人懐っこい笑顔で帽子を取った。

「おおおお、坊主！」

興奮して、ケータイで写真を撮った。

写真を撮ったら桑はニコニコッとして、すぐに帽子をかぶった。

その後にビールやウーロンハイが運ばれてきて、「おかえり！」「すみませんでした」と四人で乾杯した。

乾杯してからは、「いやあ、良かった良かった」と言いながら、これまでの経緯を改めて聞いた。そうして、少し当たり障りのない話なんかもして、「これからもよろしく」と言って別れた。

歩いていく桑の帽子の耳あてがひらひらと頼りなげに揺れて、洋次郎がちょっと左に揺れるように歩くのを、なぜか思い出した。ギターをずっと左肩にかけているせいだろうか。

なかなかつかまらないタクシーを道路で待ちながら、バンドはもう大丈夫だと誰かに言ってほしくて耳をすませたが、そんな声はどこからも聞こえなかった。雑踏には、クラクションと嬌声。道玄坂の空気を吸い込んで、やっと止まったタクシーに乗った。

そうしてバンドは、曲作りのリハーサルスタジオに戻ってきた。みんなが、「おかえり」と笑って桑を迎えて、握手をした。

スタジオに行くのも辛く、ギターが思ったように弾けなくても、「バンドに残りたい」と訴え続けた桑は、みんなに前に進む勇気を与えた。

なりふり構わず、みっともないくらいに、必死で。そんな人は自分しか見えていないから気がつかないだろうが、周囲を強く温かく包み込んでいく。

誰かを元気にしたくて何かしようと思ったら、励ましたり、優しくしたりもあるけれど、なりふり構わず前に進む姿を、見せつける方法もあるんだと思った。ひたすら進もうとして放射されるエネルギーは、優しさや強さに変換される。

今までは洋次郎が、そのエネルギーを放射していたのだ。全てを放射し尽くして、アルバム完成とともに倒れていたのだ。

桑に他の三人も共鳴し、バンド全体が新たなオーラをまとっていった。

沖縄での復活ライブとぎこちないリスタート

そして、復活ライブが組まれる。

復活といっても、バンドとスタッフしか知らないことだったのだが。

二〇〇八年七月三十一日。沖縄ナムラホール。

「オーダーメイドライブ」と名付けられたライブ。

「オーダーメイド」は、この年の一月にリリースしたシングルだったから、発売から半年が経ってのレコ発ライブとなった。

桑の件は、この日洋次郎から、初めてファンに明かされた。

「実は一月頃にね、ちょっと仲悪くなったっていうか、ギクシャクした頃があって、いろいろあってもう辞めっかって話も出たんだよね。原因は、なんだろ？　ほんとにちょっとしたことなんだけど。例えば顔に小さいニキビが出来て、一度気になるともうそれが一日中気になっちゃうみたいな。なんか俺も桑も子供みたいになっちゃったんだよね。でも、その時に智史がママになってくれたり、武田がパパになってくれたりして、そんなパパとママや周りのスタッフにいっぱい助けてもらって。こういうバンドの中にいられるっていうのは、ほんとにすごいことだなと思った。その頃、今年のライブの予定いろいろあったんだけど、『もーやってられっか！』って、全部バラしちゃったんだよね。でも、『またバンドやろう、ライブやろう！』ってなった時に、決起集会的なライブをどこでやるかって、考えて決まったのがこの沖縄のライブです」

また四人で音を出す喜びに、満ち溢れているようなライブだった。

久々のライブのせいか、打ち上げもどこかいつもと違う雰囲気だった。楽しく盛り上がっている中にも、わずかのよそよそしさが入り込んでいる気がした。お店に三線（さんしん）があって、メンバーやスタッフもギターが弾ける人が多いから、順番に回して弾いたりした。誰かが弾き終わって、みんなで拍手する。拍手が終わって次が始まるまでの空白が、いつもよりコンマ何秒か長いような、そんなぎこちなさがあった。

いったん止まったものがやっと動き出したのだから、トップスピードに乗るにはもう少し時間がかかるのだろう。

一次会が終わりみんなで外に出た時、そんな雰囲気を振り払うように、洋次郎の声がガランとしたアーケードに響いた。

「二次会はメンバーだけでどこか行く？」

ＲＡＤＷＩＭＰＳのライブでは、「ボクチン号外」というフリーペーパーを配っている。原稿も含む

桑の脱退騒動から復活した、沖縄での「オーダーメイドライブ」リハーサル風景。桑も坊主になってから、ここまで髪が伸びてきていた。これはこれで、パンクっぽくて似合ってた。またやれば？

制作を、僕が任されている。

この時のフリーペーパーのトップには、桑と食事をした時に撮った坊主頭の写真を使った。

この年行われたライブは、ワンマンがこの沖縄の一本、イベントが二本のみだったのは、こんな出来事があったからである。

復活ライブが終わった後も、僕はどうしてもこう思ってしまっていた。

ＲＡＤＷＩＭＰＳは、本当に復活したのだろうか。

洋次郎が抱える孤独は、何も変わっていないと思えた。

「バンドを諦めないアルバム」を突き詰めた結果、バンドが壊れそうになってしまった。

壊れかけたバンドはまた動き出したが、薄氷のようにもろい状態でいる。かつてのように、許容量を超えるパワーを振り絞っての音楽制作はできるのだろうか。

「バンドを諦めないアルバム」は、どこに着地するのだろうか。

次はどうなるのか、ＲＡＤＷＩＭＰＳの四人にも、誰にも分からないまま、翌日みんなで空港に向かった。僕は離陸した飛行機の窓から、小さくなっていく波打ち際を眺めていた。

エメラルドグリーンの海と、はじける銀の飛沫（しぶき）。沖縄で過ごした時間は、楽しい瞬間だけを無理矢理並べているようだった。この眺めのようにきれいすぎて、現実感がなかった。

28 洋次郎と同化する

桑が復帰してスタジオに入り、「バンドを諦めないアルバム」への挑戦が再開した。

洋次郎は、バンドを鼓舞し続けた。

「四枚目まで、いいアルバムを作れたと思うけど、このまま何十年も、今ウチらが持っているものだけで音楽をやるのは違う気がする。見えてるのに手を伸ばしていない部分や、やりたいと思っているのにまだできてない部分もあるでしょ？　そこから目を背けないで、何十年後の自分たちのためにも、広げていこうよ」

理想とするバンドになるためには、四人がスーパーマンにならなくてはならなかった。

それを目指して洋次郎は、かつてのように各パートのフレーズを「こんなふうに弾いて」と提示しないで、それぞれのメンバーに任せた。

誰かがフレーズを出すと、問いかける。

「この曲で、お前は何がしたい？　どういうふうにしたくて、その音を出したの？」

ほとんどの場合、まともな答えは返ってこなかった。

「他のパターンもある？」と聞いても、相変わらずすぐには出てこない。

洋次郎は、自分で考えた方が早いはずなのだが、メンバーから何か出てくるのを何時間でも待った。ずっと沈黙が続く時もあった。そして、また話し合った。

「『おかずのごはん』は、一年に二枚出す中で時間のないこともあって、俺からあれ弾いて、これ弾いてって言って作ったとこもあったけど、そうしているとバンドってなんだろ、ＲＡＤＷＩＭＰＳってなんだろって、思ったんだ。バンドを諦めながら作っていた気がしてた。でもそうじゃなくて、自分たちがどれだけまだ何もしてないかって分かった上で、また音楽をやろうよ」

他の三人も、「そうだね、そうありたいね」と返していき、何か新たな結束が生まれているようにも見えた。

多くの場合、新たなフレーズが出てくるのを洋次郎が何時間も待ち、バンドを鼓舞する話をし、音楽的な進展はないまま「じゃあ、明日またやろう」と深夜にスタジオを出た。

こんな日々が、驚くべきことに一年くらい続いた。

ＲＡＤＷＩＭＰＳは自らを再構築するために、体にぎりぎりの切断線を入れながら疾走していた。

負荷やストレスは、洋次郎に降り積もっていった。

音楽に取り殺されてしまうんじゃないか

洋次郎は、極度に集中していた。

明るく冗談を飛ばす時もあったが、だんだんと考え込んでいる姿が増えていった。

休憩時間でも、ロビーに一人で座っていることが多かった。

少しずつ口数も減り、時には床に座って壁にもたれている時もあった。ギターを抱えていたが、ほとんどの場合何も弾いていなかった。

スタジオの中で洋次郎が笑えば他の三人も笑う。洋次郎が考え込んだら、他の三人も黙ってしまう。それはワンマンバンドといわれる形とはちょっと違う。洋次郎が作る音楽が好きで集まっているから、自然と同化していくのだ。

依存でも追従でもなく、同化。

ＲＡＤＷＩＭＰＳの、特徴的な一面である。

洋次郎の作る音楽が好きで集まったメンバーだから、その音楽の一部となることで大きな喜びを、同時に大きな責任を背負い込む。

同化に向かうＲＡＤＷＩＭＰＳの周りには僕たちスタッフもいるが、スタッフもＲＡＤＷＩＭＰＳのファンだという側面を強く持っている。

そのようなチームがひと塊(かたまり)となって、作品を発表したりツアーを作っていくから、洋次郎→桑と武田と智史→スタッフ→ファンと真っ直ぐな一本の線で結ばれていくことになる。

今は中心となる洋次郎が不調のため、チーム全体は沈鬱な空気に覆われていった。

その重い空気を洋次郎自身が吸い込み、自家中毒のような状態になっていたのかもしれない。

どんよりと、どんよりとしていた。

スタジオが連日続く時は、楽器をスタジオに置いたままにできたが、スタジオが飛び石になる時は、楽器を片付けなくてはならなかった。

音楽的に進展があった日は、明るくみんなで楽器を片付けることもあったが、その日は違った。

スタジオの中は、重苦しく無言の状態が続いていた。防音のスタジオでの無言は、そこにいるみんなに針のように刺さった。

「今日はもう、ここまでにしよう」

洋次郎が言い、立ち上がった。

ドアを開けてちょっと離れたところから、洋次郎が呆然とした顔をして、みんなを見ていた。

どうしたのだろうかと思ったが、声もかけにくいような、うつろな目をしていた。

そっとしておこうかと片付けを手伝っているうちに、どこかへ行ってしまった。

全員がチラッとそれを見た。

トイレかな、どこかで休んでいるのかなと思ったら、しばらくして帰ってきた。

ずっとうつむいている。垂れた長い髪の間から、真っ青な横顔が見えた。

「洋次郎、大丈夫？」

そう言おうとしたら、突然「おおおおおお！」と叫び、横にあった大きなスピーカーを両手で倒そうとした。

すぐ横にいた塚ちゃんが、タックルするように飛びかかって止めた。

何日か後、塚ちゃんに食事に誘われた。

賑やかな、下北沢の居酒屋。善木さんとよく来るお店だそうだ。

とにかく塚ちゃんも僕も、洋次郎のことが心配だった。

「洋次郎、どう？」

「結構、深刻ですね。音楽のことだけを、異常な集中度で考えているような気がするんです。なんだか音楽に取り憑かれているみたいで」

「やっぱり相変わらずなんだね」

「最近、ずっと同じ服着てるんですよ。あまりに同じ服が続くから、『余計なことかもしれないけれど、洗濯機でも壊れた？　もしそうなら修理頼もうか？』って言ってみたんです」

「普段あんなにオシャレなのにね」

「そしたら、『ずっと集中してきた音楽が積み重なってるから、着替えたら落ちちゃう』って言われました」

「壮絶だね。どんどん痩せてってるし。ご飯食べてるのかな」

「スタジオで叫んだ日があったじゃないですか。あの後、食事のことも心配だったから、スタジオから車で送っていく途中にガストがあったので、『ご飯食べてかない？』って誘ったんですよ。小さい声で『うん』と聞こえたので、ガストに車入れたら降りてきたんです」

塚ちゃんの話の続きを、身を乗り出すように聞く。

「メニュー見て、ぼそっと『あんかけ炒飯』って言うから、頼んだんですけど」

「ちゃんと食べてた？」

「炒飯来ても食べないんですよ。店に来てからもずっとうつむいていて、たまに顔上げても呆然としたような顔しているんですよね。今この瞬間でも音楽のことを考えているのかと思ったら、怖くて。音楽に取り殺されるんじゃないかって」

「心配だね」

「思わず、『洋次郎、どこかへいなくならないでね』って、言ってました」

洋次郎の「覚悟」が四人の「覚悟」に

ある日、変化があった。

なかなか良いフレーズを生み出せずに、桑がまた泣き出してしまった。

「洋次郎、ごめん、うまくできなくて」

ある種の極限状態の中、他のメンバーもそれを見て泣いていた。

しばらくして洋次郎が、久しく見せてなかった曇りのない顔で語り出した。

「大丈夫だよ。俺、バンドのメンバーって、自分が考えたフレーズを絶対入れたいものだと思っていて、みんなのそういうのが集まって曲になったらいいなと思ってたけど、違ったのかな。俺、押し付けすぎたかな」

「ごめん」

「そういう話じゃないよ。俺が作ったフレーズでも、桑が作ったフレーズでも、曲にとって一番いいフレーズが入ることが大事なんだから、一緒に作っていこうか」

その日を境にしてまた、洋次郎が各パートのフレーズを提示するようになっていった。

それは、「RADWIMPS 4～おかずのごはん～」の作り方に近いものだった。しかしメンバーの意識が、あの頃とは決定的に違うものになっていた。

桑も武田も智史も、がむしゃらに洋次郎に食らいついていった。一度バラバラに壊れた四人がまた一つになろうとした時、以前よりも一人一人の強度は増していた。同時に、バンドの結びつきの強さも増しているようだった。

洋次郎の「覚悟」が、四人の「覚悟」に変わっていったのだ。

世界には、自分と他人しかいなくて、お互いは絶対に分かり合えない。

たった一つ、極限まで行って、同じ覚悟を持った者同士だけが、それを突破できる。

フレーズを一緒に作っていくにしても、洋次郎の孤独には何の変わりもなかった。

バンドの主軸としてブレるわけにはいかなかったし、モネの「睡蓮」のような百年後も残るアルバムを作るという意志は変わっていなかった。

作業が順調に進んでいる時も、いつまた何かの問題が再発するか分からない危うさがあった。スタジオの中には立ち止まったらまた思い出してしまうから、とでもいうような性急さもあった。

制作に没頭することで、バンドはかろうじて止まらないでいた。
リハーサルスタジオでアレンジを固め、「studio TERRA」でレコーディング。
また別な曲をリハーサルスタジオで固め、レコーディングと少しずつ進んでいった。

RADWIMPSってスタジオに泊まり込んでいるんですか？

「studio TERRA」は東芝EMIのスタジオだから、会社に所属するアーティストとスタッフしか使わない。僕が会社に行くと、「RADWIMPSってTERRAにいつ行ってもいるんですけど、スタジオに泊まり込んでいるんですか？」と言われるくらいだった。

泊まり込んではいなかったけれどそれに近い状態で、最後にはスタジオのソファに仮眠用の布団が運び込まれていた。ソファの片隅に、クッションの幅に合わせて几帳面に畳まれた掛け布団があって、その上に枕が一つ置いてあった。

夜中の三時、四時まで作業をして、家に帰って入浴したりその日の音源を聴いたりしていると、すぐに空が明るくなってくる。そういう時ふつうは翌日のスタート時間を遅らせるのだが、変わらずに昼過ぎには作業が始まっていた。睡眠時間を削り、極度に集中して。

さっきの会社の人が続ける。

「TERRAにいる洋次郎君、夜中に廊下ですれ違ったりするんですけど、真っ白な顔をして目だけ爛々としていて、オーラが壮絶ですよね。夜中だったら、眠そうにしてるものなのに。倒れなければいいいのですが」

洋次郎は確かに、今まで感じたことのないようなオーラを放っていて、どこか別のゾーンに入っているように見えた。

ひどく瘦せて長い髪をして、ジェンダーさえも超えつつあるような気がした。善木さんも、「洋次郎が、どんどんお母さんに似てきた」と言っていたから、僕と同じようなことを感じていたのだろう。

ノンストップでスタジオ作業が続き、最後には全員が消耗していった。桑がギターを録る時には、智史や武田はスタジオのソファで聴いていたけれど、起きていられずに寝ていることもあった。

洋次郎だけが全ての音源をチェックしジャッジをして、百年後も残るアルバムを作ろうとしていた。「RADWIMPS 4～おかずのごはん～」までは、四人の冗談と爆笑が絶えないようなスタジオだったが、全く違う次元にいた。

桑のギターダビングは相変わらずで、桑が弾いては洋次郎が「違うよ。そういうイメージじゃない」というやりとりが丸一日続く時もあった。

それに輪をかけて大変だったのは、ボーカル録りだった。

「歌詞があがってないから、今日は歌えない」は、頻繁にあった。

歌い始めても様々な挑戦をしながら、自分のイメージを探っていく。

これも延々と終わらなかった。

朝の七時まで歌い続け、「やっと出来た」と一曲を通して聴いてみる。

「やっぱり、歌詞変えたい」

歴史に残るバンドならスタッフの選択も歴史に残る

制作は続いているが、世に出ていく情報は、相変わらず一切なかった。

メディアからの連絡も、おずおずとした感じだった。

「ＲＡＤＷＩＭＰＳは、現在どんな状況ですか？」

「レコーディングしてるんですよね」

「制作中の音源に関して、インタビューできますか？」

僕はといえば、判で押したようにこう答えるしかなかった。

「制作に集中しているので、途中段階で曲について話すのは難しいです、ごめんなさい」

そんなやりとりがあまりに続くので、善木さんと会って相談をした。恵比寿の喫茶店で、コーヒーを飲みながら話した。

「みんながバンドが今どうしているか知りたがっていて、僕のところに問い合わせがずいぶん来るんです。『オーダーメイド』の時もメディアに出ていないし。かと言って音源が出来ていないままメディアに出しても、話せることは中途半端になってしまうだろうし。全部断ってしまうけれど、いいですよね」

「いいと思いますよ。ただこれから先も、こういう日々が来るかもしれないですよね。ずっとスタジオに入っていて、情報が一切外に出ていかない日々。ナベさんらしく、何か近況を伝える手段を考えてもらえたらと思うんです」

そんなこと言われてもと思っていたら、善木さんはこう続けた。

「ＲＡＤＷＩＭＰＳは、歴史に残るバンドだとナベさんも言ってたでしょう？　歴史に残るバンドということは、その時その時で、バンドが、スタッフがチームとしてどういう選択や決断をしたかも、歴史に残るんです。誰かが、次に続くバンドがＲＡＤＷＩＭＰＳの足跡を研究して、取り入れたりすることもあると思うんです。真似する人も、反面教師にする人もいるでしょう。でも基準になるはずなんです、ＲＡＤＷＩＭＰＳは」

日々の細かな仕事に追われがちな僕とはまた違う視点で、善木さんはＲＡＤＷＩＭＰＳを見ていた。みんなでどんな選択をしたかも、歴史に残る。

大げさに思われるかもしれないが、僕は今でもこう思っている。なるべく正しい選択や決断をしようと、できる限りいろいろな方向から考えるようにしている。

目的から逸脱していったスタッフダイアリー

善木さんにこう言われたものの、スタジオにこもりっきりのバンドの情報をどんなふうに出せば良いのだろう。

できることから始めようと、ＲＡＤＷＩＭＰＳのオフィシャルサイトでやっていたスタッフダイアリーをこまめに更新することにした。最初はレコーディングの模様を伝えたりしたが、バンドの新しい情報がないのでネタもなく、少しずつ僕の近況を綴るようになってしまった。「こまめに更新する」ことに縛られ、本来の目的である「バンドの情報をどう出すか」から逸脱してしまったのだ。

長い間、洋次郎と仕事をしてきて学んだことは多い。彼はこういう逸脱を絶対にしない。何か始める時には、これは何のためにやるのか、それをやり切るにはどういう方法がベストなのか、その方法を実現するには何が必要で何が足りないのかを、瞬時に摑む。そしてそこからブレることなく、最短距離を進んでいく。

それができなかった僕のスタッフダイアリーは、「ソーセージと炊きたてのご飯がいかに美味しいか」、「子供がよく履いている踵にローラーが付いている靴が欲しいけれど、大人用がなくて残念だ」などRADWIMPSからどんどん話題が逸れていった。

バンドの注目度は高まる一方だったので、ソーセージやローラーの話で申し訳なかったが、毎日ものすごいアクセス数だった。

一方で「RADWIMPSに関係ない内容で不快です」という書き込みもあり、少しずつ更新を沈静化させていった。

スタッフダイアリーはネットで不特定多数の人とつながる楽しさと危うさや、ファンの方々と交流することの大切さなど、たくさんのものを僕に教えてくれた。特に、ものを伝える難しさを学んだ。

洋次郎は、「客観性」という言葉をよく口にする。物事を伝える時に一人よがりになっていないか、分かりやすく伝わりやすい表現になっているだろうかと。

レコーディング中に曲がある程度完成に近づいたら、「いったん止めて、全体を見渡してみよう」と曲をプレイバックする。録音する時はリズムや音程がズレていないかなど、細かくて近視眼的な作業になりがちだ。そこから離れて洋次郎は、さっと視点を俯瞰に切り替えてしまう。

それができる人が、優れた表現者なのだと思う。

スタッフダイアリーを更新しながら、次のアルバムが出る日は本当に来るのだろうかと思っていた。「ＲＡＤＷＩＭＰＳ ３～無人島に持っていき忘れた一枚～」と「ＲＡＤＷＩＭＰＳ ４～おかずのごはん～」の先に行くには、音楽的な途方もない実験が必要だった。それは分かっていたつもりだったけれど、ここまで凄まじいものになるとは、思ってもいなかった。

いつまでも終わらないレコーディングで、四人全員が擦り切れて燃え尽きてしまうのではと危惧していた。

仮に終わったとしても、その時にはとてつもない結末が待っているような気がした。完成したアルバムが、ＲＡＤＷＩＭＰＳ最後のアルバムになる。あるいは、洋次郎以外が離脱してしまい、彼のソロアルバムとなってしまう。

悪い方向に考えていった方が、真実に近づくような気さえした。

「studio TERRA」では相変わらずシリアスな雰囲気が続いていたが、時にはなごやかな空気が生まれることもあった。クリスマスイブの日もレコーディングで、この日の二十四時には洋次郎と桑が二人仲良く横に並んで、「謎謎」のキーボードを連弾していた。

「クリスマスにどうして、桑と並んでキーボード弾いてるんだ！」

洋次郎が笑い、桑も本当に嬉しそうに笑った。そんな二人の姿が見られて、僕も本当に嬉しかった。脱退騒ぎなんて、最初からなかった。そんなふうに思える表情で、二人は笑っていた。

彼らの姿はバンドにとって、とても大切な原風景のように思えた。

「友達でいる」ことと、「ＲＡＤＷＩＭＰＳのメンバーでいる」こと。その二つが共存した状態が、スタジオで桑と洋次郎が笑う風景だった。

だからこそ僕は、本当に嬉しかった。

29 バンドを諦めないアルバム

二〇〇九年二月一日、遂にアルバムは完成する。

「もうこれで、全ての録音はおしまい！　次はミックスを始めよう、お疲れ様！」とみんなで抱き合って別れた後に、「ごめん、やっぱり『謎謎』のリズム直したい」と連絡が来て、深夜から朝にかけて修正をした。

ミックスダウンの次のマスタリングで、「これでもう、思い残すことはない、ついに完成！　みんなありがとう！」と叫んだ日の夜中、「やっぱりちょっと気になるところがある」と翌日やり直した。そして「今度こそ絶対大丈夫、もう思い残すことはない」と帰った後に、さらにもう一度やり直した。

そして洋次郎は、燃え尽きたように倒れ、病院で「このまますぐに入院」と言われた。

大ロングセラーアルバム「ＲＡＤＷＩＭＰＳ ４～おかずのごはん～」の次の、久しぶりの作品。期待も大きく、会社からは「何十万枚もプレスしないといけないのに、時間がなさすぎる。発売延期を検討できないか」と言われた。

「延期すると、またやり直したい部分があると、やっと終わったレコーディングが再開してしまう」

僕とやまちで、各所に頭を下げに行った。

三月十一日発売に向けて、急ピッチで準備が始まっていった。

二年三ヶ月の沈黙を破る狼煙（のろし）は、「おしゃかしゃま」である。

先行配信用に、久々のミュージックビデオ撮影の打ち合わせを行った。

「このビデオに使う、コラージュを作る人」と撮影スタッフが連れてきたのが、永戸鉄也さんだった。この後ジャケットやグッズのデザイン、ドキュメント映画の監督など、今に連なる長いお付き合いが始まることとなる。

レコーディングスタジオにずっといたので、撮影スタジオに入るのはあまりに久しぶりだった。撮影前の打ち合わせで、「衣装は、どうしようか」と僕が言うと、桑と武田と智史は、こう口を揃えた。

「久々すぎて、どんな服を着たらいいか分からない」

「じゃあ、スタイリストに頼もう。洋次郎は、どうする？」

「俺は自分の服を持っていこうかな。新しくスカートも買ったんだよね」

「スカート？　すげえなあ。こうしてジェンダーも超えたロックスターになっていくんだなあ」

ビデオでは洋次郎が、毛皮の帽子をかぶっている。

レコーディング中から欲しがっていたものだ。

「どうしても欲しい帽子見つけちゃった。こんなに欲しいのは久しぶりなんだよね。欲しいなあ、あれ。でも三十万もするんだよね」

今回のレコーディングはいろいろありすぎたし、あまりにも洋次郎は頑張ったからと、善木さんがレコーディング終了祝いにプレゼントした。

みんなで洋次郎に「善木さんにねだれ」と言っていたので、買わないとレコーディングが締まらないような雰囲気にもなっていた。

久々のビデオ撮影でヤケになるメンバーたち

ビデオを撮影するスタジオは、大きなセットが組める黒澤フィルムスタジオ。天井が高く、敷地も広い。大勢のスタッフが準備に追われて、そこかしこから声が飛んでくる。

控え室に運ばれていた大きめの箱を開けて、洋次郎が中を見せてくれた。

「これが例の帽子だよ」

「え、ちょっといい？」

僕も帽子をかぶらせてもらったが、ふわっと軽くて暖かかった。

洋次郎がかぶるとカッコいいのだが、僕がかぶるとみんなが笑った。ちょっと笑いすぎだろうと思って鏡を見たら、確かにおかしかった。

こんな帽子も自分のものにしてしまい、スカートも着こなす洋次郎について考えてしまった。少しずつ普通の人じゃなくなっていくようで、嬉しいような寂しいような気持ちがした。

着替えも終わり、いよいよ撮影開始。

スタジオには、ミニマルに削ぎ落とされた公園のイメージでセットが組まれている。滑り台やジャングルジム、固められたゴミが建てこまれていて、その前で演奏シーンを撮影する。

セットの前に四人が立つ。

「はい、音楽スタート!」

掛け声がして、まずは一曲通して撮影する。アップテンポの曲なのでメンバーも激しく動かなければならず、曲が終わって監督の「はい、カット!」と同時に、四人とも床に崩れ落ちてしまった。

「はあー、無理! 体がついていかない! ブランク長すぎた!」

洋次郎が叫び、僕たちスタッフは困った顔をして笑った。洋次郎は汗ばんだ背中を見せて、床に座り込んでいた。智史も桑も放心したようにどこかの一点を見つめてぐったり倒れていた。

武田は重いベースを下げての激しい運動で腰を痛めたのか、顔をしかめてしきりに揉んでいた。

少し休んで水を飲んだところで監督から声がかかる。

「はい、もう一回! 音楽スタート!」

一曲終わって、また全員が崩れ落ちるということが何度も繰り返された。

ビデオには智史が立ち上がってフロアタムを踏んでいたり、洋次郎がゴミを固めた正方形のセットから飛び降りるシーンもあるが、あのあたりはもうヤケになっていたのである。

ビデオ撮影はセットや照明の修正などもあって、予定どおりに終わることは滅多にない。この日も二十四時終了予定だったが、二十四時過ぎにスタッフから、こう言われるような状況だった。

「これからセットと照明を変えるので、すみませんが三時間待ちとなります。上の控え室で休んでくだ

「おしゃかしゃま」ビデオ撮影風景。1曲通して演奏して倒れるメンバーたち。これをやり続けて、スタジオ出たのは朝の8時くらい？　いや別にね……嫌いなわけじゃないんだよ、ビデオ撮影。だけどさ、もうちょっと予定どおりに終わらないのかなっていうか……なんていうかさ……。

さい」

みんなぐったりして階段を昇り、控え室にある黒いソファに半分体を横たえるような状態になった。

ソファの前にはテーブルを挟んでテレビがあり、ゲーム機器がつながれている。

テーブルの上は、たくさんコピーされたビデオの絵コンテ、誰かのヘッドフォンや財布、ギターのピック、ジュースのペットボトル、紙コップや弁当の割り箸などで散らかっている。

昼食、夕食、夜食として、弁当とお茶がかなりの量で運び込まれていたので、途中まで食べて蓋がズレている弁当やお茶の缶がいたるところにあった。

「今から三時間？　どうするこれ？　ＵＮＯやる？」

洋次郎が言い、みんなで弁当を片付けてスペースを作り、この頃常に持ち歩いていたＵＮＯが始まった。僕は参加したり休憩したりを繰り返しながら、ＰＣでネットを見ていたら前から欲しかったカメラが出ていたので思わず買ってしまった。

「カメラ、買っちゃった！」

「今？　待ち時間とはいえ、仕事中に買い物するスタッフがいる！」

洋次郎が笑った。

そんなことをしながら三時間を乗り越え、メンバーは汗だくになって撮影を終えた。

すっかり明るくなって、スタジオから帰路についた。

奇跡的に成立しているいびつで美しいバランス

二年三ヶ月ぶりのアルバム。新曲「おしゃかしゃま」は、熱狂的に受け入れられた。打ち込みなのかバンドサウンドなのか、歌なのかラップなのか、どこにも属していないような曲。ギターが複雑に絡み合うイントロから始まり、点と点が緻密に結びついて巨大な構築物になっていくさまは「新たな発明」とさえ言われた。

僕も、「おしゃかしゃま」を初めて聴いた時は啞然とした。

もちろんデモの初期段階から聴いているのだが、あのイントロにタイトなベースとドラム。そして、「カラスが増えたから殺します」の歌い出し。歌詞は百年後も読まれ続ける経典のようでもあり、昔から愛されているおとぎ話のようでもあった。空間の多いアンサンブルに、桑のバッキングのようなオブリガートのようなギターが絡んでくる。

全てが、神がかって聴こえた。

「アルトコロニーの定理」は、音楽誌などで「邦楽ロック全時代を通じての、まぎれもない最高傑作」、「燦然と輝き続ける完全無欠の金字塔」と、最大限の評価で受け入れられた。

洋次郎が強い意志で願った、「百年後も残る、モネの『睡蓮』のような作品」として迎えられた。

それは目指して頑張ったからといって、誰にでもできるものではない。

僕は洋次郎の退院を待って始まったプロモーションをこなしながら、やっと客観的にこの作品を見られるようになっていた。

2009年に表紙を飾った幻冬舎の「papyrus」撮影時。武田と智史が水面を見ていたところにふざけて洋次郎がかぶさり、「いてててててて!」となった上に、桑がお尻の割れ目を隠しながら。下の二人は本当に痛かったそうです。

なぜ、こんなアルバムが生まれ落ちたのだろうか。

ごっそり何かが抜け落ちて、その分、過度に加えられたものがあったような、いびつで美しいバランスが奇跡的に成立しているように感じた。

「RADWIMPS 3〜無人島に持っていき忘れた一枚〜」「RADWIMPS 4〜おかずのごはん〜」と違い、硬質な手触りのある明らかに異質な作品。

こんなにも、変われるものだろうか。

何か大きな変化がバンドの内部で起きないと、こうはなれないはずだ。

僕はふと、洋次郎はバンドを諦めてしまったのではないかと思った。

「バンドを諦めないアルバム」を作る過程で勃発した、桑の脱退騒ぎ。バンドをフルパワーで振り切ると壊れてしまうからと、バンドから離れて自分のイメージを思い切り広げた結果がこれなのではないかと。

途中までは他の三人がフレーズを考えているのを、洋次郎は何時間でも待っていた。

多くの諍(いさか)いがあり、四人が傷ついた。洋次郎はスタジオでメンバーを泣かせてしまい、家に帰って「俺って何様なんだろう」と一人泣いていた。

その過程で、もうこれ以上の負荷はかけられないと、他のメンバーのフレーズも洋次郎が出すようになっていった。三人も、全力で洋次郎に食らいついていった。だからこそ、バンドは解散しないで、アルバムは完成した。

超人のような能力を持った四人が集まって、全てを凌駕する圧倒的なバンドになりたい。

そう願っていた洋次郎だが、「アルトコロニーの定理」の長い長い制作期間の中で、その理想は諦めて、自分もバンドの四分の一であることをやめてしまったのではないか。

そう考えると、腑に落ちることがたくさんあった。

チリ一つ落ちていないような完成度と、アルバム全体を覆う密室感。全曲の完成度が高すぎて、どこにも隙がない。

四人の息吹が込められれば、そこにそれぞれの個性、雑味のようなものが生まれる。

個人が一人で集中して作ったものには、そういうものが入り込みにくい。

あるいはバンドを諦めようと自覚していなくても、レコーディング中に桑にかかる負荷を考えて伝え方が変化したり、今までだったら当たり前に言っていた言葉を、飲み込んだりはしなかっただろうか。

その分洋次郎一人でカバーした領域が、大幅に拡大したのではないか。

だからこそ、百年後も残る作品を作ろうとする洋次郎の全てが、純度の高いまま大量に注ぎ込まれていったのだ。

「バンドを諦めない」という夢は打ち砕かれて、バンドを諦めるしかなかった。

こう思うのが、一番腑に落ちた。

バンドを続けていくために、バンドを諦める。

思いもよらない結末だった。

「メジャーデビュー曲のタイトルは、みんなで決めよう」

そう言っていた時期は、全てが金色に輝いていて、胸は希望で膨らんでいた。何かあると必ず四人で

「アルトコロニーの定理」がリリースされ、メンバーとスタッフで打ち上げをした。ケーキには、「Happy Birthday アルトコロニーの定理」と書いてある。本当によく頑張りました。この4人で。

ハイタッチして飛び跳ねていた。

あの頃は、みんなまだ少年のようなバンドマンだった。

バンドは、生き物だ。世間に注目されればされるほど、責任やプレッシャーを背負い、猛スピードで成長していく。

「アルトコロニーの定理」は、長いブランクがもたらした巨大な果実となって、世の中を席巻した。しかしバンドはそれと同じくらい大きなものを失い、自らを変質させてしまった。

ずっと同じ場所にいることはできない。

それが成長というものなのであれば、いつまでも少年のまま優しい場所にいたいと願いたくなる。だが、人生は厳しさを増しながら続いてゆき、それでも生きていかなくてはならない。

RADWIMPSは、「バンドを諦めない」という夢を諦めて、少年から大人になったのだ。

みんなで乗り込んだ船は、結構遠いところまで来ていた。

「叫べ」ビデオ撮影。洋次郎の長いワンピースのようなパジャマ？ も私物。「買ってみたものの着てなくて」と、この撮影に持ってきた。「おしゃかしゃま」のビデオの衣装は全部私物。

30
途切れるドラム

メジャー三枚目、通算五枚目のアルバムとなる「アルトコロニーの定理」は、二〇〇九年三月十一日にリリースされオリコンウイークリーチャート二位、日本レコード協会プラチナディスクを受賞し、大ヒットを記録した。

四月に入り、「イルトコロニーTOUR 09」が始まった。

「アルトコロニー」は「或る所に」、「イルトコロニー」は「居る所に」。

善木さんのアイディアで、大きな会場と小さなライブハウスが混在するツアーとなった。

「RADWIMPSにしかできないツアーの組み方」と言っていたが、実際やってみると、メンバーは大変だったようだ。

最大キャパは、幕張メッセで三万人。

最小キャパは、京都磔磔で三百五十人。

アリーナ会場に行くと、中心部に柵が巡らされていて、たくさんのスタッフがいるスペースがある。

PA、照明、レーザーやLEDディスプレイなど、ほとんどをここでオペレートしている。あるスタッフが図面を見ていて、幕張メッセのオペレートスペースと、京都磔磔の会場の広さがほぼ同じだと気づいた。「なんてツアーなんだ」と、みんなで笑った。

通常はライブハウスツアーを終えてから、アリーナツアーに入るなど、セクションを区切って行われることが多い。ライブハウスとアリーナでは使われる機材も違うし、それに合わせてスタッフの人数も変化するからだ。

メンバーの気持ちも、手を伸ばせば触れるくらいの距離にお客さんがいるのと、何万人ものアリーナでは違うようだ。

ライブ終了後の打ち上げで、武田に聞いたことがある。

「ライブハウスとアリーナが入り交じっているって、やっぱり大変?」

「どちらがやりやすいとかはなくて、使う筋肉が違うという感じ。交互にくるのは、やりにくい部分もある」

人数や会場が大きいアリーナの方が大変なのだろうと思っていたが、そういうものでもないらしい。三万人と三百五十人。どちらの観客にも全精力を傾けて対峙したら、終演後の疲れ方まで全く違うようだ。

同じことを桑に聞いてみた。

「ライブハウスは近い分だけお客さんも興奮しているから、ギター間違って弾いてもバレにくい気がするんだよね。間違えたら、うおーっ！　とか叫べばなんとかなるみたいなさ。アリーナだと冷静に聴いている人もいるから、あ、間違えた！　とか言われちゃったりね」

アリーナ会場の仕込みは大きさによるが、三、四日間くらいかかる。あの大きなステージを組むだけでも大変な苦労だ。アリーナが終わってステージをバラし、次の会場に向かって機材をのせたトラックが走る。

その間にライブハウスがあるから、アリーナ会場へ向かう機材とライブハウスに向かう機材と2ウェイで移動も組んで、それぞれがピタッと間に合って到着する必要がある。メンバーだけでなくスタッフにも緊張感が持続する、「RADWIMPSにしかできない」ツアーとなった。

原因は不明で、何科を受診すべきかも分からない

「アルトコロニーの定理」のレコーディングが終わり、桑が調子をあげていってみんなが安堵した頃、「イルトコロニーTOUR 09」では智史がトラブルを抱えていた。

ライブ中に突然バスドラムが叩けなくなり、音が抜けるようになってしまったのだ。

最初は突然音が抜けるのに驚いた洋次郎が、歌いながら振り向いたこともあった。何かあったのかと、心配するのも無理はない。今までそんなことは、一度もなかったのだから。

ドラム自体が止まるわけではなく、バスドラムやスネアが一部抜けたりするだけなので、観客にはそれほど気づかれなかったのではないだろうか。

智史本人もどこか痛いわけでもなく原因も分からないが、医者に診てもらうことにした。とはいえ、

何科を受診すればいいのかも分からない。もしかしたら手足の内部を痛めたり炎症を起こしているのではと、整形外科を訪れる。いろいろ調べてもらったが、怪我をしていたり、筋を痛めているわけではなかった。肉体的におかしなところはないと言われたのだ。

終演後の楽屋で、このことについて話し合われた。

「病院に行ってきたけれど、なんともないって」

「良かった、じゃあ、ちょっとした疲れかな」

「そうそう、きっとそうだよ」

「そうだといいんだけど」

「まあ、様子見てみようよ」

「うん。心配かけてごめん」

メンバーとスタッフでそんな会話が交わされ、次の会場へ向かう。ではなぜ？　という疑問を抱えつつ。

新たな会場のリハーサルでは、快調にドラムが響き渡る。

みんなにも智史にも笑顔がこぼれる。リハーサルを終えて洋次郎がマイクで、みんなに声をかける。

「じゃあ今日もよろしくお願いします！　いいライブにしましょう」

「よろしくお願いします！」

本番スタート。

そしてまた、バスドラムが途切れた。

一番深刻なのは智史本人だ。原因が分からない。

彼は人一倍責任感が強く、ストイックに自分のドラムを追求してきた。バンドに迷惑をかけていると感じて、辛かったに違いない。

塚ちゃんが状況を教えてくれた。

「原因が分からないままなので、雰囲気はかなり重いですね。智史本人は、頑張って練習して治すと言っているんですけど」

僕は他の三人のことも気になっていた。

「他のメンバーはどうしているの？」

「武田が気を使って励ましているようです」

ドラムとベースは二人セットで「リズム隊」とも呼ばれ、そのコンビネーションがバンドサウンドを左右する。ドラムが提示するリズムに、ベースがどのように絡んでいくか。それが土台となり、その上にギターやボーカルが乗せられていく。

武田と智史はＲＡＤＷＩＭＰＳの「リズム隊」として、同じ音大の学友として二人三脚で歩んできた。今二人はどんな思いで向き合っているのだろうか。

武田も励ましたくて連絡しようかと思ったが、「大丈夫？」以外の言葉が見つからなくてやめた。

「洋次郎と桑は？」

「あまりいろいろ言うとかえって重荷になるからと、見守っています」

本番前、会場裏の公園での基礎練習

ライブ本番の日、メンバーはリハーサルが終われば用意された食事を摂り、休憩時間を経て、着替えたりウォームアップをして開演を待つ。

ある時僕は、智史がリハーサル終了後に公園で練習しているのを偶然見かけた。メンバーやスタッフにも心配をかけたくないのだろう、会場裏の公園で一人、基礎練習で使う練習パッドを休むことなく叩き続けていた。

何年も何年も繰り返してきた基礎練習。

智史くらい叩けるようになるまでには、何度血豆を潰してきたのだろうか。最も大切なのは基礎。壁にぶつかったら基礎に戻れといわれる練習。壁にぶつかった智史が、祈るような気持ちで基礎練習にすがりついている。タカタカと鳴るドラムスティックから、「治れ、治れ」と声が聞こえてくるようだった。

結局僕は、智史に何もしてやれないと思った。

どうなるのかを、見つめ続けている。長い間親しくしてきた仲間が、家族がすぐそこで傷ついているのをただずっと見ているしかない。声は、かけられなかった。

会場の外は日が暮れて、ゆったりとした風が渡った。開演時間がせまり、智史は楽屋に戻っていった。

この日のライブはゲストも多かったし、僕はそのまま関係者受付に向かった。ＲＡＤＷＩＭＰＳのＴシャツを着たファンが、目の前を楽しそうに通り過ぎていった。もうすぐ、大歓声の中で四人がステージに立つ。

ツアーが続くうちに、ドラムが途切れるのは日常的になっていった。

当初は驚いて振り向いていた洋次郎も、智史に負担をかけまいとして、ドラムが途切れても微動だにせず、真っ直ぐ前を見据えて何事もなかったように歌い続けていた。

桑と武田は、異変を察知すると二人で智史にさっと走り寄り、智史の顔を見て「大丈夫だよ」と一緒にリズムを取るように、笑顔で首を縦に振りながら演奏を続けていた。観客から見たらドラムとベースとギターが顔を見合わせて、楽しく演奏しているように見えたことだろう。

会場をつんざくレーザービームの中で、智史は顔を歪ませてドラムを叩いていた。

顔を歪ませているのではなく、メンバーの笑顔に応えて、笑おうとしていたのかもしれない。

そんな彼らを見て、涙が出た。高校生の頃から始まって、集まればキャッキャと騒いでいた四人が、二〇〇〇年代を代表するロックバンドとまで言われるようになった。その代償のように今、悲鳴をあげている。

バンドは大きくなっていく過程で、当然のように変化していった。変化せざるを得なかった。要因となったのは責任と、高みを目指す意志だ。責任は降り積もり続け、彼らはそれに立ち向かわなければならない。

ツアーは続き、観客は熱狂している。助けてくれる人は、いない。見守っているスタッフも、助けられない。ステージの上には四人だけで、何万もの瞳と向かい合っている。

曲が終わり洋次郎がツアー先での食べ物の話をして、観客を笑わせている。武田や桑は笑顔を見せつつも、何気なく智史の様子をうかがっている。智史は、うつむいている。

「俺なんか、北海道行ったら三食続けてラーメンだよ」

満員の観客で埋まった広大なアリーナ会場を、斜めに横切ったスポットライトに照らされて、武田が言った。

智史の容態は回復することなく、原因も分からないままツアーは終わった。

みんなが智史に負担をかけたくないと思ったのか、今後どうするのか具体的なプランはあまり話し合われなかった。智史の意思を尊重することにした。

幸いにツアー終了後の具体的なスケジュールはなかったし、智史の件がなくてもツアーが終わったら、メンバーはそれぞれ思い思いに過ごすはずだった。

「もう一度、しっかり基礎から練習したい」

バンドは智史が戻ってくるのを待ち、再度活動を停止する。

31

バンド史上初めてのデモ

イルトコロニーツアーが終わった頃、洋次郎の実家地下にあったスタジオが大幅に改造され、簡単なレコーディングやリハーサルができるようになった。

ラキーテスタジオと名付けられた新たな場所を得て、「バンドが休止してしまったから仕方なく」と、洋次郎は次のアルバム「絶体絶命」へ向かうデモを一人で作り始める。

今までは洋次郎が作った曲をもとに四人でスタジオに入ってアレンジを煮詰めていったが、ここでバンド史上初めて、詳細な設計図であるデモ音源が導入されたのである。

自分だけのスタジオを持ち、エンジニアがいなくても「ＰＲＯ ＴＯＯＬＳ」も使いこなせるようになっていた洋次郎は劇的な進化を遂げていた。

本人はより良い環境を求めていただけかもしれないが、僕には桑や智史の損なわれていった部分を、一人で埋めようとしているように見えた。洋次郎が歩みを止めたら、ＲＡＤＷＩＭＰＳは止まってしまうのだから。

桑と智史の一部分が損なわれたのと、洋次郎が次々と自分をバージョンアップしていったのはあまりにも対照的すぎた。

制作活動がいつでも、いつまでも好きな時にできる環境。洋次郎にとっては家に夢の遊園地があるような状態。智史を心配しながらも、「楽しくて家とスタジオから出たくない」と言っていると、スタジオのメンテに立ち会ってきた塚ちゃんから聞いた。

バンドが止まってしまった今、一人無邪気に音楽と戯(たわむ)れる洋次郎は、次はどこへ向かうのか。

智史の件は待つしかないのだから仕方がないが、桑に続いて智史も傷ついてしまった今、RADWIMPSをどうしようと思っているのだろうか。

「バンドを諦めない」と追い詰めていった結果、桑の脱退騒ぎが起こり、智史のトラブルもあってバンドは停止してしまった。

RADWIMPSのフロントマンとして、こうした全てを引き受けて、それでも前に進もうとする洋次郎は、次の形を自分で構築するつもりなのだろうか。

「バンドやろうぜ!」というラブレター

ある日「まだ途中だけど」と、デモが送られてきた。

「携帯電話」「マニフェスト」、後に「絶体絶命」と名付けられるアルバムに並ぶ曲たちが、既にそこに入っていた。メールに書かれたURLからダウンロードした時、こんなに作ったのかと驚愕した。

フォルダに並んでいるファイル、それに付けられているタイトルを見て、ただただワクワクした。RADWIMPSはいつ再開するのかも分からなかったし、ずっとこのままの可能性もあったのだ。新曲たちは「バンドやろうぜ！」という、洋次郎からRADWIMPSへのラブレターに思えた。バンドの時計が、また動き出すかもしれない。

天気の良い冬の日、それを聴きながら歩いた。

信号の点滅、走って通り過ぎていく赤いランドセル。歩道にはみ出して置かれた花屋の鉢植え。家で聴くより、届いたデモを、ただただ気持ち良く歩きながら聴きたかった。

あまりに膨大なエネルギーに興奮したし、その深い表現に目頭が熱くなった曲もあった。そこでは天才と呼ばれるアーティストが、楽しくて仕方ないと無邪気に音楽と戯れていた。

そのまま歩きながら、感想を洋次郎にメールした。

すぐに「嬉しい。ありがとう」と返信があった。

この年、インドに行った。

幻冬舎の雑誌「papyrus」の取材。

「神様とさえいわれる野田洋次郎と、神様がいるといわれる場所に行き、独特の死生観を聞きたい」という企画だ。

デビューの時から熱心にバンドを取材してくれていた、当時は幻冬舎にいた日野淳（ひのあつし）さんと篠原一朗（しのはらいちろう）さんが誘ってくれた。

二人は、何年も前から声をかけてくれていた。

最初はアンコールワットに行く企画をもらったのだが、レコーディングやライブでなかなか行けなかった。

バンドが休止した中、一人でデモを作っている洋次郎を、僕はこの機会にどこか刺激を与えてくれる場所へ連れていきたかった。

「papyrus」の二人に「今だったら行けるかも」と言ったら、インド行きを提案してくれた。

洋次郎もアルバム制作での目算があったらしく、快諾。

「まだ途中だけど」と送られてきたデモはその後も進化を遂げていて、次のアルバムの八割が見えているという。

「インドに行って、そこでもらったもので残り二割を仕上げてみたい」

隣の部屋から聴こえるシタールの音

インドは、不思議で素敵な国だった。

日常的な、カオス。

混沌としているのが、デフォルト。

「オーダーメイド」の頃は一言のコメントも出さなかったのに、インドを移動しながら毎晩食事の後にインタビューを受けた。

レストランでビールを飲みながら、ホテルの一室でくつろぎながら、リラックスした環境で、

ＲＡＤＷＩＭＰＳ、人生観、制作中のアルバムについてなどを語った。

彼が毎晩インタビューを受けたのは、もちろんこれが最初で最後だ。

日本人がいるだけで珍しいようだが、洋次郎の履いているブーツが、現地の人には不思議でならなかったようだ。洋次郎が歩くと、子供がたくさん嬉しそうな顔をしてあとをついてきた。ハーメルン。

「神様がいる場所」ということだったが、インドを訪れた印象としては、やはり当たり前のように宗教が生活の基盤として存在していることだった。食事から人の関係性まで全てに、宗教的理由が横たわっている。

物事を多くの観点から見つめる洋次郎は、我々の何倍ものスピードで、インドを吸い込んでいるように見えた。

ある日、楽器を見に行った。

シタールを、お店の人が洋次郎に教え始める。

飲み込みが早いから、すぐにさまになる。

道行く人に、あれは誰だ？　と聞かれたガイドが、日本の有名なミュージシャンだと答え、人が次々と集まってきた。

結構な人だかりとなった衆人環視の中、シタール、タブラ、オルガンを購入。

夕食の後、インタビューを終えて、僕がホテルの部屋に戻ると、隣の洋次郎の部屋から壁越しにシタールがうっすらと聴こえてくる。

インドのホテルで、隣から友人の弾くシタールが聴こえてくるなんて、本当に良いものだった。

インドで行った楽器屋で、シタールを試奏する洋次郎。わざわざ日本から来てたくさん楽器を買ってくれたお礼にと、ここにも写っているタンバリンなどを、僕たちスタッフ全員にくれた。インドからタンバリンを持ち帰るなんて、思わなかったな。

もっと良かったのは、毎晩うまくなっているのが分かったこと。

上達が、早すぎる。

いつもそうなんだ、この人は。

ガンジス河の聖地バラナシから始まった旅は、毎日ロードムービーのように撮影と移動を続け、最終日にデリーに着いた。都会に近づくにつれてホテルも立派になっていき、食べ物も国際色が豊かになっていった。

翌日デリーの空港からインドを発ち、成田空港に着いた。

車に乗り込み途中のパーキングエリアで、みんなで「懐かしい」「染み渡る」と言いながら天ぷらそばを食べた。

「いろいろありがとう、インドに行けて良かった。たくさんのものをもらったよ。絶対、いいアルバムになる」

勢いよくそばをすすっていたら、洋次郎がそう言って笑った。

何日かして送られてきた音源には、本当に驚愕した。

「ＤＡＤＡ」のデモである。

生きてる間すべて遠回り　すべて大回り　なのにそれなのに
近道探してみて　小回り　お巡りに見つからないようにばかり
あげくの果ては拝み　神頼み　少しでも楽に　他人より前に

叶わぬと知るや否や　嫌みひがみ　鬼畜の極み　南無阿弥陀仏

初めてこの歌詞を見た時は、「おしゃかしゃま」の時と同様に百年後も読まれ続ける聖典のように思えた。

自分の中に入れたものを血肉化して、自分の新たな表現としてアウトプットする。優れたアーティストだけがこうやって、どんどん武器を増やして巨大化していくのだろう。

インドで買ったオルガンは、のちに「やどかり」のイントロで使用された。

32

青春期の終わり、新章の始まり

「RADWIMPSへの壮大なラブレター」となった、洋次郎のデモはバンドを奮い立たせていた。

インドから帰って、また生み出された曲たち。

それらの新曲をどうしようかと、久しぶりにメンバーとスタッフが集まってミーティングを開いた。

「イルトコロニーTOUR 09」を六月に終えて、半年以上にわたって一度も四人で音を出していなかった。

いきなりフルスロットルでアルバム制作に突入するにはまだ早いだろうと、「リハビリを兼ねて、気楽な曲をレコーディングしてみよう」という話になった。

「デモ音源の中から、『マニフェスト』と『携帯電話』を試しにやってみようか？　どう、智史？」

洋次郎が言って、智史もうなずく。

「うん、やってみたい。いい曲だし、楽しくできそうだね」

「楽しく始めようよ」

ＲＡＤＷＩＭＰＳが今の四人組になった十八、十九歳の頃から、洋次郎はバンドに明確なビジョンを提示していた。

「他の誰もやったことがない音を出す。バンドの王道、８ビートも禁止。この四人にしか出せない音。そうじゃないと、自分たちの存在価値はない」

この頃であれば「マニフェスト」や「携帯電話」のような曲は、発表しなかったかもしれない。

最初に演奏された曲は「マニフェスト」だ。

久々にスタジオに入って音を出した時、みんなの感情が爆発した。

また四人で音を出せる喜びに溢れていて、桑の弾くリフはファンファーレのように聴こえた。

四人は演奏中に何度も目を合わせて、紅潮した顔で笑った。

「携帯電話」でも同じように、四人は体を楽しそうにリズムにのせて揺らしていた。

録音された音源を聴いても、またバンドができる嬉しさが閉じ込められているのが分かった。

二曲があまりに良い仕上がりになったので、どうリリースするかみんなで相談した。

「両方とも際立たせたいね」

「それじゃあ、二枚シングル出すか、再始動の祝砲だ！」

初めての、シングル二枚同時発売となった。

損なわれたものが戻らなくても

こうしてＲＡＤＷＩＭＰＳは、何回目かの復活を遂げた。

まだ十代のメンバーと僕が「初めまして」と挨拶した、横浜のライブハウス二階の事務所。

メンバー自ら楽器を運んで全国を回った、ライブハウスツアー。

二枚の対となる作品、「ＲＡＤＷＩＭＰＳ　３～無人島に持っていき忘れた一枚～」と「ＲＡＤＷＩＭＰＳ　４～おかずのごはん～」。

四人が出会うきっかけとなった横浜アリーナを埋めた、満員の観客。

それらは、ＲＡＤＷＩＭＰＳが通り過ぎた青春期だ。

青春期を終えてその先に進もうと「バンドを諦めない」アルバムを目指し、結果としてバンドは損なわれてしまった。

「マニフェスト」と「携帯電話」は復活の狼煙となったが、一度損なわれたものは二度と元どおりには戻らないだろう。

僕が叶えたかった夢。

「自分で見つけたバンドと一緒に、ゼロから全てをやってみたい」

僕は、夢を叶えたのだろうか。

「自分がこのバンドに点火するんだ」

そう思い続けていた僕は、点火できたのだろうか。

もしかしたら僕にも、バンドの青春期を一緒にくぐり抜ける過程で、変質し損なわれていったものがあるのかもしれない。

だがまた新しい形に進化を遂げ、次のページに進もうとしていることは確かだ。

「アルトコロニーの定理」が、最後のアルバムになるのではと思っていた僕は、次のアルバムへ思いを馳せていた。

RADWIMPS、六枚目のオリジナルアルバム。

いつまでも、優しく居心地の良い場所にいることはできない。

こうやって、生きていくんだ。

あとがき

「ＲＡＤＷＩＭＰＳのヒストリーを本にしたいので、書きませんか」

こう善木さんに言われたのは、「ドリーマーズ・ハイ」の頃だから、二〇一三年のことだ。スタッフダイアリーを続けているうちに、なんとなくオフィシャルライターのような立場にもなっていたせいか、「ナベさんが書くのが一番いいと思う」と。

そうか、頑張ってみるかと始めたものの、長い文章を書いたことがないから大変で、途中で挫折してしまった。

「原稿、進んでますか？」

善木さんは時折、思い出したように言った。

「あ、ちょっと今、えーと、まあ、やってるんですけどね」

僕はむにゃむにゃとした答えしかできず、宿題をさぼっている子供のような気持ちになった。

スタッフである僕が、自分の名前で本を書いて発表するなんて、思いもよらない機会なのに、自分の功名心のなさにも結構驚いた。

そうして逃げ続けるようにして、何年も経った。

「さすがにそろそろできましたか？」

やはりそう来るよなと、夏休みの最終日のように、焦って書いたものを持っていった。

「短すぎる。端折り（はしょ）すぎているから、これを三倍くらいに延ばさないと」

それでまた、フリーズしてしまった。

もう諦められただろうと思っていた二〇一九年、善木さんに呼び出されたら、そこには編集の日野さんが来ていた。コーチの登場である。

「ナベさんは締め切りを作らないと、いつまでも書かない。新しくできるWEBサイトで連載しましょうよ。時系列に沿って書くのが難しいなら、書きやすいところからスタッフダイアリーのように書けばいいから」

子供をあやすように言ってもらい、それならできるかもと、会員制WEBサービス「ボクンチ」での連載が始まった。大器晩成型である。

思っていたよりもたくさんの人が読んでくれて、僕のインスタに感想を送ってくれたりして、それにも励まされてここまで来られた。

「そろそろ本にしませんか」

書いたものを時間軸に沿って組み直し、大幅な加筆修正をした。

同時期、新たに設立したＲＡＤＷＩＭＰＳのレーベル「Muzinto Records」の社長を僕がやることになり、善木さんと塚ちゃんが、僕の部屋を事務所内に作ってくれた。そこでマイルス、ジャコパス、ビル・エヴァンス（みんなスがつく）を聴きながら、深夜までひたすら書いた。なぜかこの三人の音楽が流れていると、ＲＡＤＷＩＭＰＳのことを集中して考えられた。電気を消して鍵を閉めて帰る日々を、判で押したように繰り返して完成した。

この本はあくまで僕が見たＲＡＤＷＩＭＰＳの物語なので、事実と違う部分もあるかも知れない。その責任は、僕が負うものである。

バンドの物語はここで書いたこと以降もいろいろとあったし、今も続いているので、読んでくれる人がいるなら、これからも書き続けようと思う。

そういう意味で、〝「人生出会い」編〟となっている。

この言葉のとおり、ＲＡＤＷＩＭＰＳに出会えたことで、僕の人生は変わった。感謝しかない。

誰にでも必ず、そういう出会いがある。

あなたにそんな時が訪れたら、しっかりつかまえて抱きしめられますように。

最後に、根気よく二人三脚で歩いてくれた日野さん、ありがとう。素敵なデザインをしてくれた、飛嶋さん、佐藤さん、一緒に昔のことを思い出してくれた塚ちゃん、この本の起点になってくれた善木さんに感謝。洋次郎の寄稿には、泣けた。本当にありがとう。

そして改めて、RADWIMPSのメンバーに、この本を手にとってくれたあなたに、最大の謝辞を。

May the いい出会い be with you.

特別寄稿　野田洋次郎

「よくこんなこと覚えてるなぁ」「自分の知らない舞台裏で、こんなことをみんなは感じていたのか」。読みながらそんなことの連続だった。そして、四回くらい泣いた。きっと読者の人からしたらなんてことのないところで。記憶が蘇り、あふれた。

この物語は筆者であるナベさんの眼から見たＲＡＤＷＩＭＰＳの歴史だ。僕たちＲＡＤＷＩＭＰＳをデビュー前から見つめ、育み、一番近くで共に生きたナベさんという人間が描いた物語だ。だからこそ、この物語のすべてを鵜呑みにしてはいけない。母親が愛する我が子について話す時、その言葉のすべてを鵜呑みにしてはいけないように。まっすぐな愛は、少なからず偏っている。特にナベさんという人はそうなのだ。一度愛してしまったら、もう愛し続ける人なのだ。きっと裏切られても気づかないほどのまっすぐさで。僕はこの物語を読みながら、そんなことを考えた。この物語はナベさんから僕たちへのラブレターだ。

レコード会社というものの内情はほとんどの人がわからないと思うので、少しだけ僕から解説を。アーティストがデビューする際、まず制作担当（レコーディングやMV等）、宣伝担当（ラジオ、テレビ、雑誌等）にスタッフは分かれる。僕たちの場合、制作のトップが山口さん（本文にも登場する）、そして宣伝のトップがナベさんだった。通常、長くても四、五年でそのスタッフは入れ替わっていくことが多い。デビューして十五年くらい経つと担当がもう五、六人目なんてこともザラにある。アーティストなんてもんは大体クセ者しかいないのでケンカ別れする人たちもいれば、会社の方針で泣く泣く異動ということもある。つまりデビューから十五年間、制作、宣伝両スタッフが一度も変わらず同じということはものすごく稀有なことなのだ。そしてだからこそ、たった一人の視点でこの（デビュー前から含めると）十七年間の軌跡を本にすることができたのだ。このことは僕の自慢であり、誇りだ。

音楽の世界はあなたにどのように映っているだろう。華やかな世界に見えるかもしれないけれどもちろんそれだけではない。結成して二十年の間に、多くの同志のバンドが解散していった。メンバー間に亀裂が生じて終わるものもあれば、レコード会社から契約を切られ辞めざるをえないバンドも数多あった。また、中には「もっとこういう曲を書け」「こんなアレンジにしろ」「売れる曲を作れ」「やり直し」などと音楽そのものに注文をつけるディレクターやスタッフがいることを、僕は他のバンドマンからいくつも聞かされて知った。僕はRADを作って二十年、メジャーデビューして十五年、一度としてナベさんからも山口さんからも事務所のスタッフからもそんな注文をされたことがない。ただの一度も。こんな話をすると大体のミュージシャンに驚かれる。僕たちの「当たり前」は、音楽界の「非常識」だったらしい。

正直僕が僕のスタッフだったら、間違いなくあれこれと注文を出していたと思う。だってデビュー前後の頃の歌詞もアレンジもまだまだ荒削りで、ちょっとした変更を加えればもっと良くなる所も多々あったように思う。きっとナベさんたちもそれぞれに思うこと、言いたいことは山ほどあったと思う。それでも何ひとつ注文することなく、僕が作ったありのままの姿を、世の中に届けようとしてくれた。

また、バンドが世の中にどんどん認知され、求められた時、「今新曲を出せば間違いなく売れる」、そんな状況の中、僕たちは停滞し、桑原の脱退騒動などを過ごした。スタジオにこもり、作っては壊しまた作っては壊しを繰り返し、何も生産しない膨大な日々を経験した。世の中とはあまりにかけ離れた状況を生きていた。それでも「曲だそうよ」「なんとか作ってよ」などとひと言も言うことなく彼らは待ち続けてくれた。アルバム「アルトコロニーの定理」まで、結局僕たちは二年以上の月日が空いた。スタッフのみんなはどこまでも僕たちを信じ待ってくれた。その信じる決意のようなものを、この本からヒシヒシと感じた。

僕たちＲＡＤＷＩＭＰＳがここまで音楽をやり続けることができた答えの一つが明確にこの本の中に存在する。それは、全世界を敵にまわしても一瞬の迷いなく僕たちの音楽が「最強だ」と言ってくれる人たちに、一番最初に出逢えたことだ。一生の伴侶に、初恋で出逢ったことだ。僕たち自身がこの奇跡を呼び込んだのか、僕たちの音楽がそうさせたのか、はたまた偶然だったのかはわからない。ただ僕はそんな奇跡の上で音楽を今も鳴らしている。それを誇りに思う。

ＲＡＤＷＩＭＰＳなんてもんをやっていて、本当によかった。

本書はRADWIMPS会員制WEBサービス「ボクンチ」に連載されていた「あんときのRADWIMPS～ワタナベのAADAAKOODAA語り～」を大幅に加筆修正した上で、書き下ろし原稿を加えたものです。

JASRAC出2100326-101
NexTone PB000051061号

渡辺雅敏（わたなべ・ただとし）

1990年から東芝EMI（現在はUNIVERSAL MUSIC JAPAN 内のEMI Records）に所属。新たに設立したRADWIMPSのレーベル「Muzinto Records」の代表取締役社長を兼務。RADWIMPSと出会い、メジャーデビュー以前から現在に至るまで共に歩んでいる。本書が初めての著書となる。

あんときのRADWIMPS　「人生 出会い」編
2021年2月15日　初版第一刷発行

著　者　渡辺雅敏
発行者　飯田昌宏
発行所　株式会社小学館
〒101-8001 東京都千代田区一ツ橋二－三－一
編集 03-3230-5959　販売 03-5281-3555

編　集　日野 淳・近江 瞬（口笛書店）
幾野克哉（小学館）

D T P　株式会社昭和ブライト
印刷所　大日本印刷株式会社
製本所　株式会社　若林製本工場

ISBN 978-4-09-388811-0